HOCHBEET

JETZT DURCHSTARTEN

Spielerisch gärtnern und erfolgreich ernten

LV.Buch

INHALT

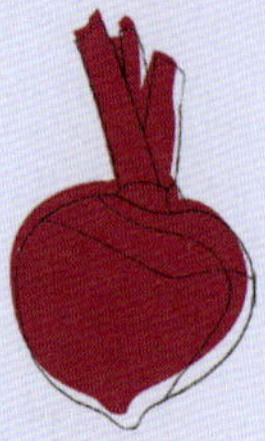

Deborah und Florian Hucht

VORWORT

Wir haben einen Kleingarten in Hamburg, und unser erstes Hochbeet hat in unserem ersten Gartenjahr Einzug gehalten. Eins? Okay, eigentlich haben wir direkt vier Stück gebaut ... Dabei wollten wir anfangs in unserer Gartenneugier nur einmal den Hochbeet-Hype testen. Und waren sehr schnell angefixt: Unsere Pflanzen schienen glücklicher und warfen bessere Ernten ab als in unseren Beeten am Boden. Zudem konnten wir unsere Gartensaison nach vorne und hinten verlängern.

Auf das Prinzip Hochbeet zu setzen, war für unsere Parzelle genau der richtige Spielzug. Unser Kleingarten liegt in der Nähe des Hamburger Flughafens, auf einem Gelände, das in der Nachkriegszeit als Halde für den Abraum der Großstadt diente. Die Folge: Der Boden in unserem Kleingarten ist stark mit Schwermetallen, vor allem Blei und Cadmium, verunreinigt. Uns wurde deshalb zu Hochbeeten geraten, um diese mit unbelasteter Erde zu füllen. Gesagt, getan. Inzwischen gärtnern wir mit 18 Hochbeeten, in denen Obst, Gemüse und Kräuter wachsen. Genau genommen sind es sogar 20 Hochbeete, wenn wir Kräuterspirale und Schlüssellochbeet hinzurechnen. Dazu kommen zwölf Rahmenbeete für Erdbeeren, Kartoffeln und Schnittblumen.

Keine falschen Rückschlüsse bitte, du hast hier kein Buch in der Hand, das dir sagt, wie du zum Hochbeet-Ultra wirst. Es geht eher darum, Schritt für Schritt mehr zu wagen und dich zu verbessern. Was auf den ersten Blick wie eine Pflicht aussehen mag, ist für uns die Kür – und vor allem Spaß. Bei so viel Platz in den vielen Beeten können wir ständig Neues ausprobieren und uns Gartenjahr für Gartenjahr weiterentwickeln sowie richtig viel dazulernen. Es ist so ein bisschen wie in einem Computerspiel, in dem wir von Level zu Level springen. Und in dem es im dümmsten Fall mittendrin „Game Over" heißen könnte. Denn nicht immer ist das Hochbeet-Gärtnern ein Start-to-Finish-Erfolg. Allein schon durch das Wetter ist jede Saison anders. Wir haben nicht immer gleich viel Zeit und Muße, unsere Beete zu bespielen. Und manchmal will das Gemüse auch einfach nicht so, wie wir es gerne hätten. Doch das Schöne am Gärtnern ist: Es gibt jedes Jahr wieder die Möglichkeit, neu zu starten. Wie sang schon Rolf Zuckowski?
„Immer wieder kommt ein neuer Frühling, immer wieder kommt ein neuer März. Immer wieder bringt er neue Blumen, immer wieder Licht in unser Herz."

Das Spiel beginnt: Auf welchem Level startest du in deine nächste Gartensaison?

Klein, aber oho: ein Beet aus Palettenaufsatzrahmen

KAPITEL 1: SPIELVORBEREITUNG

Bevor du in das Spiel eintauchst, solltest du dich optimal vorbereiten und dir deine Spielausstattung zurechtlegen. Lies hier, was du unbedingt brauchst, um die verschiedenen Hochbeet-Level erfolgreich durchzuspielen.

DEINE SPIELAUSSTATTUNG

Im Gartengame gilt die goldene Regel: Weniger ist mehr! Anstatt deine Gartenlaube oder Abstellkammer mit unnützem Kram vollzustellen, solltest du dich lieber auf wenige, dafür hochwertige Werkzeuge konzentrieren, die eine lange Lebensdauer versprechen. Dadurch sparst du nicht nur Platz, sondern auch Zeit und Energie. Denke sorgfältig nach, bevor du etwas kaufst, und frage dich, ob du es wirklich benötigst. Wir haben uns anfangs eine solide Grundausstattung zugelegt und erweitern sie nur bei Bedarf.

LEIHEN STATT KAUFEN

Wir verfahren nach der Devise: Wenn wir etwas mehr als zwei- oder dreimal im Jahr benötigen, kaufen wir es auch. Wenn wir ein Werkzeug hingegen nur ausprobieren wollen oder selten nutzen, leihen wir es uns aus. Nachbar*innen mit einer gut ausgestatteten Werkstatt sind dabei Gold wert. Größere Geräte – falls du sie überhaupt brauchen solltest – leihst du am besten im Baumarkt. Du kannst sonst auch gern kreativ werden und Dinge für deine Zwecke ummodeln oder auch „macgyvern". Das macht sehr viel Spaß, versprochen!

Auf den nächsten Seiten siehst du das Zubehör, welches unserer Erfahrung nach wirklich wichtig ist, um erfolgreich zu gärtnern und das Hochbeet-Spiel zu meistern!

GRABEN UND GRUBBERN

Klar, noch bevor du überhaupt deinen ersten Spielzug startest, brauchst du eine Schaufel – um Erde zu bewegen und in die Beete zu füllen. Außerdem nützlich sind eine Pflanzkelle und ein Grubber. Damit gräbst du Löcher, um Pflanzen einzusetzen und lockerst die Erde, falls nötig.

HACKEN UND HARKEN

Wo wir schon beim Lockern des Bodens sind: Um Pflanzenreste klein zu machen und Reihen zu ziehen, lohnt sich eine Hacke. Wir gärtnern im Hochbeet meistens mit einer Gartenhacke, die auf der einen Seite drei Zinken hat. Außerdem nutzen wir eine Harke – mancherorts auch Rechen genannt –, um die Erde zu verteilen und ebenfalls Reihen zu ziehen. Was dir liegt, probierst du am besten einmal aus.

SCHNEIDEN UND SCHNIBBELN

Um unsere Hochbeete zu befüllen und Baumaterial für Rankgitter & Co. zu schneiden, verwenden wir eine Astschere. Diese gibt es als Amboss- oder Bypass-Schere. Erstere quetscht die Äste, die zweite schneidet sehr sauber – ist aber oft teurer. Wir haben beides. Wenn es schneller gehen muss und egal ist, wie der Schnitt aussieht, greifen wir zur Amboss-Schere. Wenn es filigraner sein darf, holen wir die Bypass-

Variante aus dem Schuppen. Um Pflanzenteile zu kappen oder Früchte zu ernten, ist eine Gartenschere sinnvoll. Eine Haushaltsschere und ein Messer sowie eine kleine Sense vervollständigen dein Spielwaffenarsenal.

SONSTIGE HELFERLEIN

Je nachdem, wie intensiv du deine Hochbeete bespielst, können dir weitere Helferlein gute Dienste erweisen. Hast du einen Garten, kann eine Schubkarre nützlich sein. Wenn du auf eher kleinem Raum gärtnerst, tut es auch ein Eimer oder ein Korb. Nicht vergessen solltest du das Thema Wasser – das ist deine Superpower im Garten! Wir sammeln rund 3000 l Regenwasser in Tonnen, Wannen und einem IBC-Container, ein großer Behälter, meist eingefasst mit Metallrahmen. Das kostbare Nass nutzen wir für unsere automatische Bewässerung im Gewächshaus – und zapfen über einen Hahn Wasser in Gießkannen ab.

WENN'S ANS WERKELN GEHT

Du bist ein*e Tüftler*in und liebst es, Garten-DIYs umzusetzen? Dann solltest du dich entsprechend eindecken und deine Werkstatt ausrüsten. Zum Beispiel mit Akkuschrauber und passenden Bits, Stichsäge, Kapp- und Gehrungssäge, Schwingschleifer, Hammer, Hobel etc. Hier hängt deine Ausstattung ganz von deinen Ambitionen zum Selbermachen ab!

So kommst du kostengünstig an Werkzeug

Generell gilt bei Gartengeräten: Kauf lieber ein vernünftiges, hochpreisiges Teil – so sparst du langfristig Geld. Wir haben auf Flohmärkten schon einige Schnäppchen in Sachen Qualitätswerkzeug gemacht oder konnten bei unseren Gartennachbarn (auch mal bei Gartenaufgabe) einiges Nützliches ergattern. Die Augen offenzuhalten, lohnt sich also!

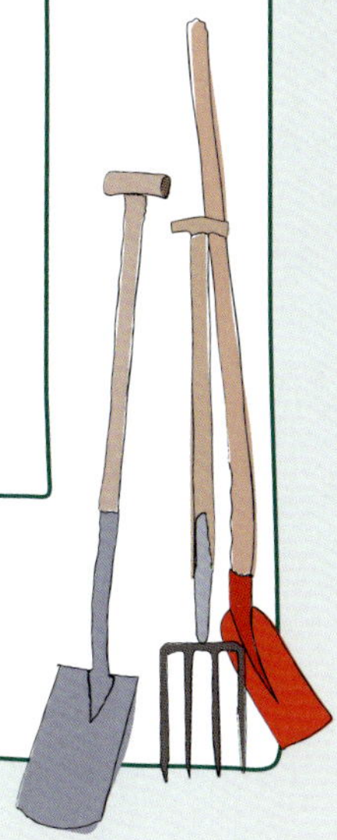

In diesem Hochbeet fühlen sich Erbsen und Mangold wohl.

Wann ist ein Hochbeet ein Hochbeet?

Hochbeete werden auf eine bestimmte Art gefüllt und sollten immer Bodenhaftung haben – so können Regenwürmer und andere Nützlinge ihres Amtes walten. Beetkästen, die auf Beinen stehen, sind genau genommen keine Hochbeete – weil ihnen die Verbindung zum Boden fehlt.

HOCHBEET-VARIANTEN – FÜR MEHR SPIELSPASS!

Jedes gute Spiel hat Varianten, die noch mehr Abwechslung versprechen. Das gilt auch für das Hochbeet Game. Welche Version möchtest du spielen? Hier findest du fünf verschiedene Hochbeet-Typen.

DAS KLASSISCHE HOCHBEET

Wer Hochbeet sagt, denkt vermutlich an diese Variante: ein rechteckiger Rahmen aus Holz, etwa einen Meter hoch, selbst gebaut oder aus einem Bausatz hochgezogen. Um das Holz zu schützen, wird das Beet mit einer Noppenfolie ausgekleidet.

DAS STAPELBEET

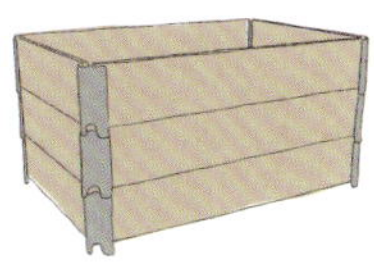

Das stapelbare Hochbeet ist eine vereinfachte Version des klassischen Hochbeets. Statt einen festen Rahmen zu bauen, steckst du Elemente wie etwa Palettenrahmen aufeinander. Du verzichtest auf eine Folie an der Innenseite. Der Vorteil: Du hast es schnell auf- sowie abgebaut und bist flexibel, wenn du dich im nächsten Jahr für einen anderen Standort entscheidest.

DAS HÜGELBEET

Du bist kein Typ Mensch, der sich in eine Form pressen lässt? Dann passt das Hügelbeet wunderbar zu dir. Statt die Hochbeet-Füllung in einen Rahmen zu schichten, baust du dir mit Strauchschnitt, Kompost und Erde einen Hügel. Ideal, wenn du dir Geld und Mühe für den Beet-Aufbau sparen willst – aber trotzdem auf die Vorzüge eines Hochbeets nicht verzichten möchtest.

DIE KRÄUTERSPIRALE

Eine ganz besondere Version des Hochbeets ist die Kräuterspirale oder auch Kräuterschnecke. Außergewöhnlich ist zunächst einmal ihre Form – sie windet sich stufenweise nach oben in Richtung Sonne. Um den unterschiedlichen Kräutern jeweils die besten Wachstumsbedingungen zu bieten, wird das Substrat entsprechend angepasst. Du startest unten mit sehr nährstoffreicher Erde, die viel Wasser speichert. Schrittweise magerst du das Substrat ab. An der höchsten Stelle wachsen mediterrane Kräuter in eher sandigem, nährstoffarmem Boden.

DER PFLANZTURM

Eine Miniversion des Hochbeets kann ein Pflanzturm oder auch eine Pflanzpyramide sein. Diese Variante eignet sich perfekt für kleine Gärten oder auch für Terrassen oder Balkone. Kartoffeln und Erdbeeren, aber auch Tomaten wachsen sehr gut in solchen Beettürmen.

EIN HOCHBEET AUS PALETTENRAHMEN

Du willst das Hochbeet-Gärtnern ausprobieren und ruckzuck ran ans Beet? Dann eignet sich ein Hochbeet aus Palettenaufsatzrahmen hervorragend für dich. Das ist nicht nur superschnell aufgestellt, sondern hat auch ideale Maße für ein Gemüsebeet.

WAS DU BRAUCHST

- 2–3 Aufsatzrahmen von Europaletten
- 100 x 140 cm Drahtgitter mit maximal 12,7 x 12,7 mm Maschenweite
- 1,6 x 16 mm-Krampen, das sind u-förmige Nägel
- Hammer
- Drahtschere

SO GEHT'S

1. Baue den ersten Rahmen nach Anleitung zusammen und stelle ihn am gewünschten Ort auf. Achte darauf, dass der Rahmen gerade steht.
2. Schneide den Draht passend zu und befestige ihn mit Krampen reihum von innen an dem Palettenrahmen.
3. Setze den zweiten (und dritten) Palettenrahmen drauf. Voilà, fertig ist dein Hochbeet in weniger als einer Stunde!

Das Beet ist in nicht einmal einer Stunde gebaut.

Der ideale Standort für dein Hochbeet

Um Gemüse anzubauen, sollte dein Hochbeet möglichst sonnig und windgeschützt stehen. Ideal ist, wenn die breite Seite Richtung Süden zeigt. So bekommt die gesamte Pflanzfläche gleich viel Sonne.

EIN HOCHBEET KOMPLETT SELBST GEBAUT

Du möchtest ein Hochbeet, das dir lange Freude macht – und welches du genau nach deinen Vorlieben gestalten kannst? Dann baue dein Hochbeet am besten selbst. So kannst du nicht nur Breite, Länge und Höhe bestimmen, sondern auch noch das Holz selbst aussuchen.

WAS DU BRAUCHST

- 12 Glattkantbretter aus Douglasie oder Lärche, 300 cm x 14,4 cm x 2,7 cm
- 3 Kanthölzer, 300 cm x 7 cm x 7 cm
- 6 Einschlagbodenhülsen, 71 mm x 71 mm x 750 mm
- feinmaschiges Drahtgitter, 5 x 1 m
- Noppenbahn oder Folie aus PE oder Kautschuk, 6 x 1 m
- Schrauben aus Edelstahl
- Drahtkrampen oder Tackerklammern
- Bleistift und Schreinerwinkel
- Säge
- Akkubohrschrauber mit Holzbohrern und Bits
- Hammer
- Drahtschere
- Vorschlaghammer und Altholz
- optional: Maurerschnur und Schere sowie Stäbe, um rechte Winkel abzustecken

SCHRITT 1

SCHRITT 2

SO GEHT'S

1. Starte mit einer Ecke und miss von dort aus deine Seitenkanten und die anderen Ecken aus. Die Kanten sollten im 90°-Winkel aufeinandertreffen. Spanne bei Bedarf eine Schnur, um dich zu orientieren.

2. Setze die Einschlagbodenhülsen in die Erde. Lege ein altes Stück Holz zwischen Pfosten und Vorschlaghammer, um dein Material zu schützen.

SCHRITT 3

SCHRITT 3

SCHRITT 3

SCHRITT 4

SCHRITT 4

SCHRITT 5

SCHRITT 5

3. Miss nun deine Bretter auf die Länge 200 cm, 80 cm und die Pfosten auf 87 cm ab und säge sie entsprechend zurecht. Achtung: Wenn du möchtest, dass das Beet später genau 200 mal 80 cm groß ist, dann musst du die Stärke der Bretter abziehen. Bohre die Bretter dort, wo sie später an die Pfosten geschraubt werden, vor.

4. Platziere die Eckpfosten und schraube die erste Reihe Bretter fest. Die Schrauben wandern von außen durch die Bodenhülsen in den Pfosten. So wird dein Hochbeet stabil.

5. Nun ist der Draht als Bodenschutz an der Reihe. Schneide ihn mit einer Drahtschere auf eine Länge von 220 cm zu. Die Ecken kannst du etwas einschneiden, sodass du den Draht besser formen kannst. Befestige ihn mit Krampen von innen an der Beetumrandung. Achte darauf, dass der Draht eng an den Brettern anliegt, damit kein Mäusekopf durchpasst.

6. Baue nun das Hochbeet Reihe für Reihe auf. Zum Schluss schneidest du die Noppenfolie passend zu und befestigst sie mit Dachpappennägeln, Krampen oder (kräftigen) Tackernadeln.

Geht das auch einfacher?

Es gibt Hochbeete auch schon fix und fertig vorsortiert. Der Vorteil gegenüber Palettenrahmen: Das Material ist meist stärker und etwas langlebiger. Ähnlich wie bei Möbelbausätzen musst du das Set nur noch auspacken, zusammenbauen und aufstellen. Funktioniert auch wunderbar! Hochbeet-Bausätze bekommst du im Baumarkt oder im Web, zum Beispiel auf biogarten.at.

Drei verschiedene Hochbeet-Typen auf einen Blick

DAS INNERE ZÄHLT: SO BEFÜLLST DU EIN HOCHBEET

Schon gewusst? Die eigentliche Magie des Hochbeet-Prinzips entsteht durch die besondere Art, es zu befüllen. Die verschiedenen Schichten greifen ineinander über und sorgen dafür, dass das Beet über die Gartensaison hinweg mit Nährstoffen versorgt ist und ideale Temperaturen für eine richtig fette Ernte herrschen. So füllst du dein Hochbeet optimal – von unten nach oben.

Die richtige Befüllung ist der Schlüssel für gesunde Pflanzen.

STRAUCHSCHICHT

Für regen Austausch zwischen Boden und Beet sowie reichlich Nährstoffe über die Gartensaison hinweg sorgt eine Strauchschicht. Dafür kannst du richtig große Äste und Zweige super entsorgen. Achte darauf, keine oder nur wenig Immergrünes ins Hochboot zu geben. Das verrottet nur langsam und hat nicht den richtigen pH-Wert.
Auf den Strauchschnitt geben viele Gärtnernde noch eine Schicht umgedrehter Grassoden. Wir versuchen, so wenig wie möglich ins Bodenleben einzugreifen, deshalb sparen wir uns das.

MIST- ODER AUCH HÄCKSELSCHICHT

Als Nächstes füllst du etwas weniger grobes Material ein, das ordentlich Nährstoffe produziert. Zum Beispiel Mist, unreifen Kompost, Schnittgut von hohen Stauden und Gräsern oder auch einfach Gehäckseltes. Auch Laub darf hier gern verwendet werden. So gelangen reichlich nützliche Kleinstlebewesen ins Beet, die dein Substrat ordentlich aufmischen.

SUBSTRATSCHICHT

Zuoberst ins Beet kommt klassische Gartenerde für den Anbau von Gemüse und Obst. Diese erhältst du im Baumarkt oder auch in Gärtnereien bei dir um die Ecke. Willst du mehr als ein Beet befüllen, kann es sich auch lohnen, die Erde paletten- oder sogar kubikweise zu bestellen und liefern zu lassen – so sparst du Verpackungsmaterialien ein und dir selbst das große Schleppen. Ideal ist, wenn du genügend gute Gartenerde in deinem Garten oder auf deinem Grundstück vorfindest. Dann kannst du aus dem Vollen schöpfen!

KOMPOSTSCHICHT

In dieser Schicht hat dein reifer Kompost seinen großen Auftritt. Er sorgt für optimales Bodenleben und schiebt Nährstoffe nach, sobald die Düngerwirkung im Substrat nachlässt – also nach etwa sechs Wochen.

WANN UND WIE NACHFÜLLEN?

So befüllt wie beschrieben, hält ein Hochbeet bis zu sieben Jahren. Um zu verhindern, dass die Erde absackt, kannst du im Herbst reifen Kompost oder Laub aufbringen. Wenn das Beet im Frühling trotzdem wie tiefergelegt aussieht, nimmst du die oberste Schicht heraus, füllst Kompost nach und schaufelst die alte Erde wieder drüber. Bei Bedarf kannst du sie noch aufdüngen, indem du Pellets aus Klee, Schafwolle oder Pferdemist daruntermischst.

EXKURS: DEIN SPIELFELD = RICHTIG GUTE GARTENERDE

Ohne die richtige Erde oder vielmehr das optimale Substrat nützt dir die beste Spielstrategie nichts. Neben dem grünen Daumen brauchst du also noch sogenanntes „schwarzes Gold", um Level für Level nach oben zu hüpfen. Lies hier, was deine Beete so richtig erfolgreich macht!

DEIN WICHTIGSTER MITSPIELER: DAS STECKT IN DER GARTENERDE

Ja, ganz richtig gelesen. Für das Hochbeet-Game brauchst du Verbündete, um dich siegreich zum Ende – also zur fetten Ernte – durchzuspielen. Wichtig dabei ist die Gartenerde, also das, was ganz oben im Hochbeet liegt, wo Obst, Gemüse und Kräuter bei dir wachsen und hoffentlich gedeihen. Was macht eine gute Gartenerde oder auch gutes Substrat aus? Auf die richtige Zusammensetzung kommt es an: In der Regel hat Substrat mineralische Anteile wie Sand oder Schluff und organische Anteile wie Kompost, Laub, Holzfasern und so weiter. Die Erden, die du im Baumarkt oder Gartencenter kaufst, sind Mischungen aus verschiedenen Zutaten, die den natürlichen Gartenboden nachahmen.

INHALTSSTOFFE	AUFGABEN
Quarzsand, Bims	speichern Wasser
Kompost, Pferdemist, Guano (Kot von Seevögeln oder Fledermäusen)	liefern Nährstoffe
Rindenhumus, Holzfasern, Kokosfasern	geben Struktur, verbessern Wasser- und Nährstoffspeicherung

Es gilt: Je höher der Anteil an Humus – also an Materialien, die Nährstoffe liefern –, desto besser ist die Gartenerde.

Sag Nein zu Torf

Zahlreiche Erden enthalten nach wie vor Torf. Die Vorteile: Er ist sehr leicht und kann gut Wasser speichern. Noch dazu enthält er in der Regel keine Samen von Unkraut und anderen Verunreinigungen. Aber: Um Torf zu gewinnen, werden Moore abgebaut – und wertvolle Lebensräume zerstört. Achte deshalb beim Kauf deiner Gartenerde unbedingt darauf, dass sie torffrei ist.

DIESE NÄHRSTOFFE BENÖTIGEN DEINE PFLANZEN

Pflanzen brauchen – wie wir Menschen auch – Luft und Liebe, um zu gedeihen. Dazu gesellen sich Wasser und bestimmte Nährstoffe, unterteilt in Makronährstoffe und Mikronährstoffe.

Makronährstoffe sind:

- Stickstoff (N)
- Phosphor (P)
- Kalium (K)
- Magnesium (Mg)
- Schwefel (S)
- Calcium (Ca)

Mikronährstoffe oder auch Spurenelemente sind:

- Eisen (Fe)
- Mangan (Mn)
- Kupfer (Cu)
- Zink (Zn)
- Bor (B)
- Molybdän (Mo)
- Chlor (Cl)

Wenn du mit Kompost arbeitest, sind deine Beete meist ausreichend mit Mikronährstoffen versorgt. Je nach Pflanze solltest du für die Zufuhr von Makronährstoffen sorgen. Baust du in deinem Hochbeet nur mediterrane Kräuter an, darf es etwas karger sein – dann bist du fein raus! Du willst aber Gewächse aufziehen, die große oder viele Früchte hervorbringen – Kürbisse oder Tomaten etwa? Dann brauchst du bitte „einmal alles, und zwar viel"! Dazu solltest du über das Gartenjahr hinweg nachdüngen. Mehr dazu liest du auf Seite 160.

Her mit der guten Erde!

Checke einmal Herkunft und Qualität der Gartenerde, bevor du sie dir in den Kofferraum lädst. Wir empfehlen Bio-Erden, die auch für den Öko-Landbau zugelassen sind. Die findest du in der Betriebsmittelliste für den ökologischen Landbau in Deutschland des Forschungsinstituts für biologischen Landbau (FiBL). Auch gut sind Kompost und Erde der örtlichen Abfallwirtschaft – allerdings nur, wenn sie entsprechend für die Produktion von Lebensmitteln zertifiziert sind.

ALLES AUF GRÜN, BITTE! WARUM DU „BIO“ KAUFEN SOLLTEST

In unseren Hochbeeten wächst fast ausschließlich Bio-Gemüse. Das fängt für uns schon beim Saatgut an und geht mit den Setzlingen weiter. Beim Kauf achten wir – ähnlich wie bei unseren Lebensmitteln – darauf, wo sie herkommen und was das Label uns verrät. Warum uns das so wichtig ist?

1. VERZICHT AUF PESTIZIDE UND HERBIZIDE

Konventionell gezogene Pflanzen können Rückstände von Chemikalien wie Pestiziden oder Herbiziden enthalten. Saat- und Pflanzgut aus dem Öko-Gartenbau wird in der Regel sanfter und vor allem in Hinblick auf den Erhalt der Artenvielfalt behandelt. Deshalb wählen wir die Bio-Variante.

2. RESSOURCEN SCHONEN

Wenn es geht, kaufen wir Saatgut und Pflanzen lokal ein. So sparen wir unnötige Transportkosten und CO_2. Wir achten darauf, dass die Pflanzen in torffreier oder zumindest torfarmer Erde stehen und nur biologisch gedüngt werden.

3. KEIN HÖHER-WEITER-SCHNELLER

Ist dir schon einmal aufgefallen, dass einige Pflanzen aus dem Baumarkt oder aus dem Supermarkt im Laden ganz toll aussehen und dann zu Hause ganz schnell schlappmachen? Das liegt daran, dass sie oft bewusst für den Verkauf gezüchtet und aufgepäppelt werden. Pflanzen, die aus einer Staudengärtnerei in deiner Nähe stammen und dort aufgewachsen sind, halten meist länger durch und wachsen bei dir besser an – weil ihre Bedingungen ähnlich sind.

WORAN DU BIO-PFLANZEN UND -SAATGUT ERKENNST

Pflanzen und Saatgut aus Bio-Gartenbau erkennst du an den Bio-Siegeln, die du auch auf Produkten im Supermarkt siehst. Also zum Beispiel:

- Bio-Logo der EU
- Bio-Siegel nach EG-Öko-Verordnung
- Demeter
- Bioland
- Naturland/Naturland Fair

Nicht alles ist Grün, was auch so glänzt!

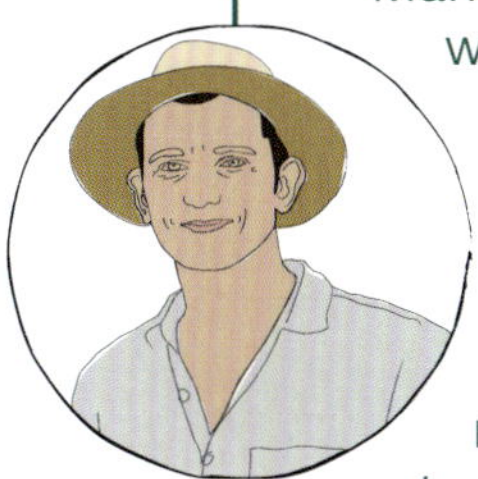

Manche Pflanzen werden bewusst in grüne Töpfe gesetzt oder mit grünen Etiketten versehen, um sie wie Bio-Pflanzen aussehen zu lassen. Auch Begriffe wie „naturnah“ oder „aus kontrolliertem Anbau“ sind nicht geschützt und bedeuten nicht automatisch, dass es sich um Bio-Pflanzen handelt. Frage im Zweifel lieber einmal mehr nach.

WO DU BIO-PFLANZEN UND SAATGUT BEKOMMST

Wir kaufen am liebsten lokal ein – allerdings finden wir da nicht alles, was wir in unseren Beeten wachsen lassen wollen. Deshalb bestellen wir Saatgut und Setzlinge sowie Stauden auch online. Achtung, das kann süchtig machen! Wir versuchen, uns zu bremsen und unser Online-Shopping auf zwei Bestellungen pro Jahr zu minimieren. Wo wir Kräuter, Setzlinge und Saatgut herbekommen? Hier findest du unsere liebsten Anbieter (siehe auch Bezugsquellen Seite 172):

GEMÜSESETZLINGE AUS NACHHALTIGEM ANBAU

Viele Staudengärtnereien bieten im Frühjahr und Spätsommer Setzlinge an, die vor Ort angezogen wurden. Diese kannst du lokal oder online kaufen. Wir haben das Glück, dass unser Gemüsehändler auf dem Markt auch kleine Pflänzchen anbietet. Dort besorgen wir diverse Kohlarten und Kürbisse im Miniformat.

BIO-SAATGUT UND -PFLANZGUT

Saatgut und Pflanzkartoffeln sowie Tomatensetzlinge shoppen wir meist online, am liebsten beim Biogartenversand Hof Jeebel. Hier findest du eine große Auswahl zu fairen Preisen. Du bekommst neben „Grünzeug" noch allerhand Praktisches wie Gartengeräte, Dünger oder auch Mulchvlies oder Insektenabwehrnetze – alles ökologisch verträglich. Eine Möglichkeit, alte Gemüsesorten zu bekommen und deren Erhaltung zu unterstützen, bietet das Saatgutshopping bei Vereinen wie ARCHE NOAH oder dem Verein zur Erhaltung der Nutzpflanzenvielfalt (VEN).

KRÄUTER IN BIO-QUALITÄT

Kräuterpflanzen kaufen wir oft im Baumarkt bei uns um die Ecke. Der hat eine tolle Auswahl des Bio-Labels blu. Hin und wieder greifen wir auch beim Marktbummel zu einem Basilikum – den leider nicht nur wir, sondern auch die Schnecken bei uns um Garten superlecker finden.
Wenn du etwas Spezielleres suchst, bist du bei Rühlemann's Kräuter- und Duftpflanzen an der richtigen Adresse. Hier kannst du entweder online bestellen oder zweimal im Jahr beim Hofverkauf vorbeischnuppern. Ein Bio-Siegel haben die Pflanzen nicht, aber sie wachsen unter vergleichbaren Bedingungen.

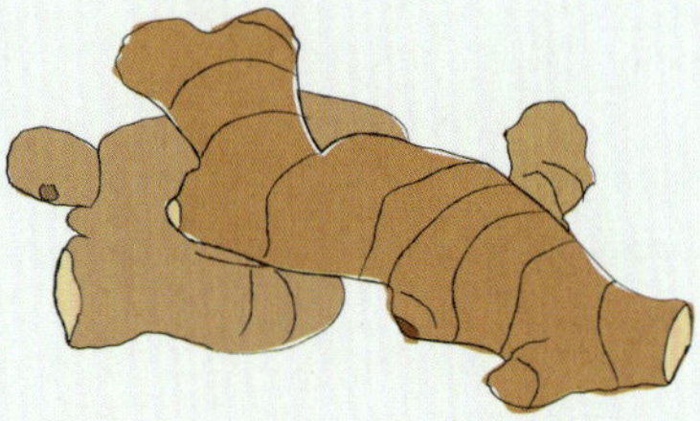

TOPPFLANZEN ZUM KLEINEN PREIS: SO GEHT'S

Bio-Pflanzen und -Saatgut zu kaufen, ist zwar löblich, kann aber ordentlich ins Geld gehen. Wie du gute Pflanzen zu moderaten Preisen bekommst? Hier kommen fünf Tipps:

TIPP #1 TAUSCHEN IST TRUMPF!

Schau dich mal bei dir in der Nähe um: Viele Gemeinden, Vereine, Botanische Gärten oder regionale Lehrgärten veranstalten regelmäßig Staudentausch-Aktionen. Wie das Prinzip funktioniert? Du bringst Stauden und Saatgut mit und kannst dir dafür anderes Grün oder Samentütchen aussuchen. Einige Staudentausch-Tage sind wie ein Flohmarkt organisiert. Dort findest du auch andere günstige Angebote rund um den Garten. Ein toller Bonus: Du kannst mit vielen Gleichgesinnten fachsimpeln und von deren Hochbeet-Erfahrungen profitieren!

TIPP #2 SOCIAL SAATGUT

Im Web gibt es regelmäßig Saatgut-Tauschaktionen. Halte die Augen offen in Facebook-Gartengruppen, bei Blogger*innen oder auf Instagram. Die Idee dahinter? Du schickst Saatgut ein und bekommst dafür einen wilden Mix zurück. Diese Art der Saatgutbesorgung kostet dich nur das Porto – und natürlich die Zeit, zu recherchieren und deinen Anteil einzusenden.

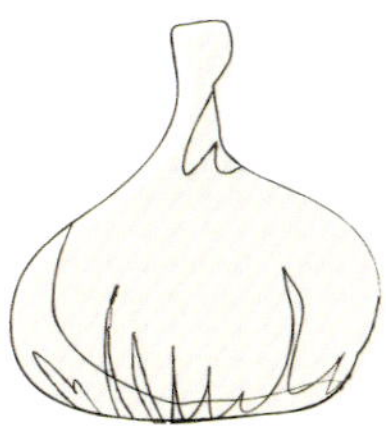

TIPP #3 SHARING IS CARING

In einem Saatgut-Tütchen sind meist mehr Samen, als du aussäen kannst. Wenn du mit deinen „Mitspielern" teilst, habt ihr alle mehr für euer Geld. Ein großes Plus: Eine gemeinsame Bestellung bei einem Saatgut-Anbieter schont zusätzlich Ressourcen. We like!

TIPP #4 BEI KLEINEREN ANBIETER*INNEN SHOPPEN

Große Namen haben oft große Preise. Kleinere Anbieter*innen – vielleicht sogar bei dir um die Ecke – verlangen oft weniger Geld für Pflanzen. Noch ein Grund, der für den Einkauf bei einer Staudengärtnerei bei dir vor Ort spricht: Kräuter- und Obstpflanzen etwa wachsen dann in ähnlichen mikroklimatischen Bedingungen, wie sie auch bei dir im Hochbeet herrschen. Ideale Voraussetzungen für eine erfolgreiche Ernte!

TIPP #5 SAATGUT SAMMELN

Wir besuchen gern andere Gärten, um Erfahrungen zu sammeln – und um Saatgut zu tauschen! Erfahrungsgemäß hat nämlich jeder Garten etwas, das er im Überfluss produziert. Bei uns ist das zum Beispiel Saatgut für Salat und Koriander sowie Mohn. Außerdem wachsen bei uns Winterpostelein, Feldsalat und Thymian „wie Unkraut". Das nutzen wir gern für ein „Gegengeschäft" mit anderen Gemüse- und Kräuterpflanzen oder -saatgut.

Gärtnern macht glücklich!

Mit den richtigen Pflanzen
lockst du Nützlinge an.

KAPITEL 2: VON SCHURKEN UND JOKERN

Ein richtiges Spiel lebt von der Dynamik zwischen „Gut" und „Böse". Beim Gärtnern wirst du schnell feststellen: Es gibt einige Schurken und böse Überraschungen, die deine Ernte im Hochbeet bedrohen. Schädlinge machen sich zu gerne über dein Spielfeld her. Die gute Nachricht: Gegen fast jeden Schädling ist ein Kraut gewachsen – oder es existiert ein Nützling, den du als Joker einsetzen kannst.

Es kribbelt und krabbelt: Blattläuse an einem Kohlrabiblatt

UNGEBETENE GÄSTE & PFLANZENKRANKHEITEN

Eins vorab: Wir lieben es, wenn es bei uns im Garten summt und brummt. Auf manche Tierchen und andere Lebewesen würden wir aber gern verzichten. Welche? Hier findest du eine Übersicht der unbeliebtesten Mitspieler im Garten.

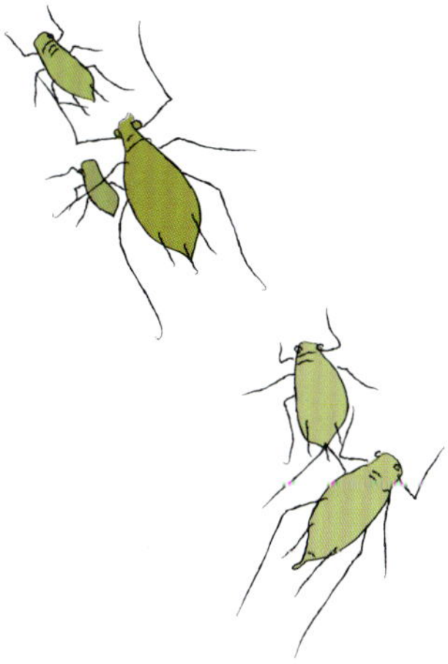

NACKTSCHNECKEN, DIE ALTEN SCHLEIMER

So erkennst du Nacktschnecken: Die Weichtiere sind meistens rötlich braun bis schwarz, es gibt auch orangefarbene oder gelbliche Exemplare. Nach einem Regenguss begegnen sie dir auf Wiesen und Wegen. Ist es trocken, suchen sie Schutz unter Steinen, Sträuchern oder im hohen Gras. Schimmernde Schleimspuren an Pflanzen verraten ihre Anwesenheit.
Diesen Schaden richten Nacktschnecken an: Nacktschnecken haben einen riesigen Appetit und fressen ratzfatz die Pflanzen ganzer Beete leer.
So wirst du Nacktschnecken los: Nacktschnecken abzuwehren, ist eine Wissenschaft für sich. Wir gehen mechanisch gegen sie vor: Um Pflanzen vor Befall zu schützen, kannst du sie mit Schneckenkragen schützen – diese becherförmigen Gebilde bekommst du im Fachhandel. Oder aber, du bepinselst dein Beet mit einem Anti-Schnecken-Anstrich.

BLATTLÄUSE, DIE FIESEN STECHER

So erkennst du Blattläuse: Die sitzen meistens im Pulk auf Blattunterseiten oder an Stängeln von Gemüse-, Obst- und Kräuterpflanzen sowie an Stauden und Sträuchern. Blattläuse können grün, braun, schwarz oder weiß sein. Übrigens: Manche Insekten geben Hinweise auf Schädlinge – wenn du viele Ameisen auf einer Pflanze beobachtest, sind Blattläuse meistens nicht weit entfernt. Ameisen ernähren sich nämlich von dem Honigtau, den Blattläuse ausscheiden.
Diesen Schaden richten Blattläuse an: Die winzigen Schädlinge stechen Blüten und Blätter von Pflanzen an und sorgen dafür, dass die Pflanzen nicht mehr weiterwachsen und sich keine Früchte entwickeln. Deine Ernte wird entsprechend mager ausfallen. Zudem siedeln sich auf dem Honigtau gern Pilze an, die für weitere Schäden sorgen.
So wirst du Blattläuse los: Du kannst die Pflanzen mit Neemöl oder verschiedenen Suden und Brühen besprühen, genaue Rezepturen findet man in Fachbüchern oder im Internet. Oder du sorgst dafür, dass sich Maikäfer und Florfliegen ansiedeln. Deren Larven fressen für ihr Leben gern Blattläuse!

WÜHLMÄUSE, DIE TUNNELGRÄBER

So erkennst du Wühlmäuse: Die kleinen Nager haben einen kugelrunden Körper. Sie buddeln sich liebend gern durch Beete. Findest du Tunneleingänge im Beet, dann musst du mit diesen ungeliebten Mitspielern rechnen. Wenn Möhren oder anderes Wurzelgemüse wie ausgehöhlt aussehen, waren meist die eigentlich so putzigen Mäuse am Werk.

Diesen Schaden richten Wühlmäuse an: Sie fressen Wurzeln von diversen Pflanzen und sorgen so dafür, dass diese wegen der unterbrochenen Nahrungspipeline schlechter wachsen oder sogar absterben. Uns haben Wühlmäuse in einem Herbst zum Beispiel reihenweise Petersilienwurzeln abgefressen.

So wirst du Wühlmäuse los: Schütze dein Hochbeet unbedingt mit Draht. Finden sie doch einen Weg ins Beet, helfen dir spezielle Fallen aus dem Fachhandel – oder Raubvögel, wenn du mit deinen Hochbeeten in deren Revier lebst.

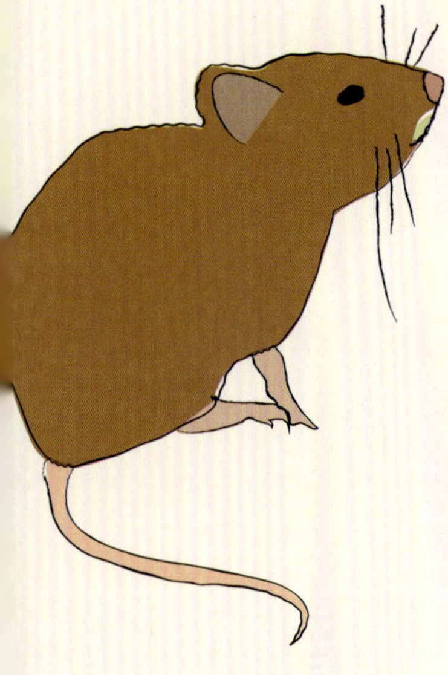

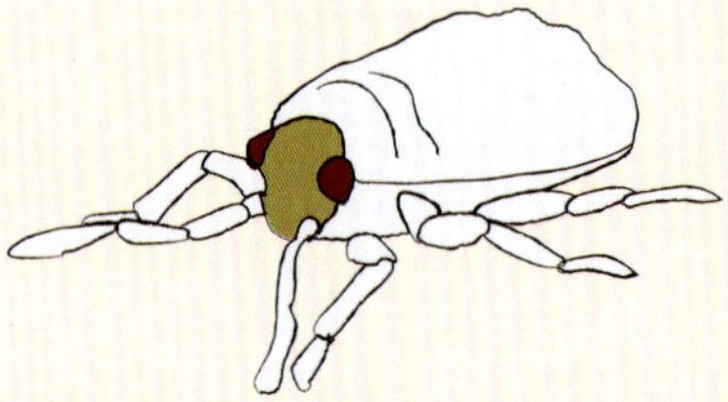

SPINNMILBEN, DIE ÜBLEN NETZWERKER

So erkennst du Spinnmilben: Leider machen die sich auf den ersten Blick fast gar nicht bemerkbar. Sie sind nämlich so miniklein, dass sie dir kaum auffallen. Sind deine Pflanzen aber voller feiner Spinnweben, sind Spinnmilben die Verursacher. So befallene Blätter verfärben sich gelb oder bronzefarben.

Diesen Schaden richten Spinnmilben an: Sie saugen den Pflanzensaft aus Blättern. Die mildeste Auswirkung sind deformierte Blätter, die schwächlich sind. Im schlimmsten Fall wachsen deine Pflanzen überhaupt nicht weiter.

So wirst du Spinnmilben los: Das erste Mittel der Wahl: eine kräftige Dusche mit einem Wasserstrahl. Wenn sich keine Besserung zeigt, kannst du überlegen, an den befallenen Pflanzen Raubmilben auszusetzen. Raubmilben werden im Fachhandel vor Ort oder im Internet angeboten.

WEISSE FLIEGEN, DIE UNGENIESSBAREN

So erkennst du Weiße Fliegen: Die winzigen Tiere sind weiß bis gelblich und schwärmen hoch, wenn du die Pflanzen im Beet berührst. Sie fliegen nur so auf Kohl und Kohlrabi, mögen aber auch Gurken oder Tomaten.

Diesen Schaden richten Weiße Fliegen an: Die Larven fressen sich in Früchte und Gemüse und machen so deine Ernte ungenießbar.

So wirst du Weiße Fliegen los: Du kannst einem Befall im Beet mit engmaschigen Netzen vorbeugen, die du über die Pflanzen drapierst. Wenn Weiße Fliegen bereits die Pflanzen erobert haben, gilt: Wasser marsch! Sollten sie sich durch eine Gartenschlauchdusche nicht vertreiben lassen, helfen Raubwanzen oder Schlupfwespen, die du wie Raubmilben im Fachhandel kaufen kannst.

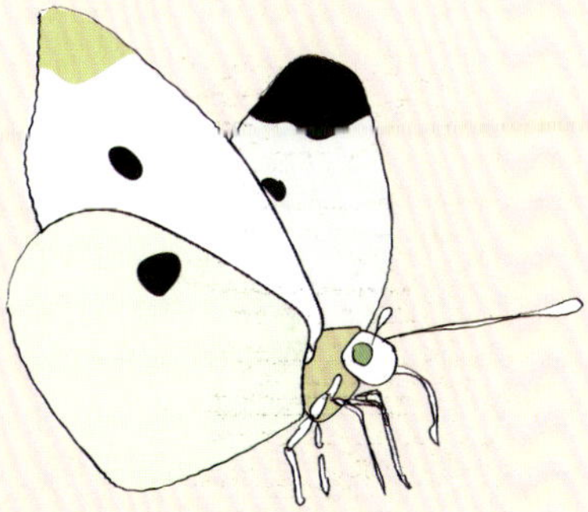

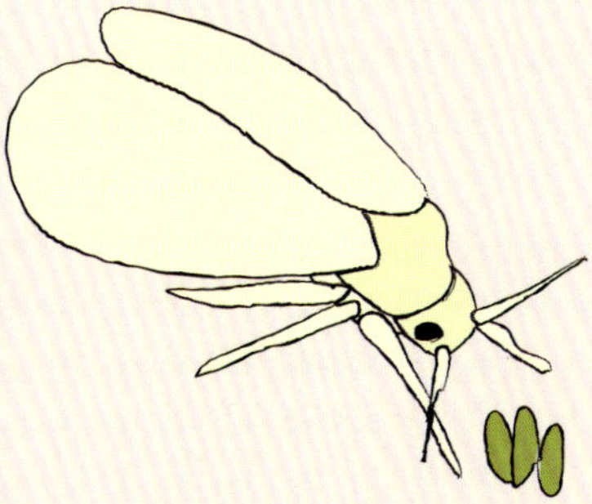

KOHLWEISSLINGE, DIE GNADENLOSEN LOCHFRESSER

So erkennst du Kohlweißlinge: Der Falter ist eigentlich sehr hübsch – weiß mit schwarzen Punkten. Er bedeutet aber immer Trouble! Egal, ob es sich um den Großen oder den Kleinen Kohlweißling handelt. Die Raupen sind echt gefräßig und schlagen mit ihren Beißwerkzeugen oft charakteristische, runde oder unregelmäßig geformte Löcher in die Blätter und Früchte von Kohl und anderen Kreuzblütengewächsen.

Diesen Schaden richten Kohlweißlinge an: Schlüpfen bei dir im Beet die Raupen, verspeisen sie quasi über Nacht ganze Kohlköpfe oder Blätter der Pflanzen. Wir haben schon zahlreiche Blumenkohl- und Brokkoli-Pflanzen verloren.

So wirst du Kohlweißlinge los: Sind sie erstmal da, solltest du sie händisch absammeln. Heimische Singvögel helfen dir nur zu gern dabei. Die Eiablage der Falter auf deinen Pflanzen verhinderst du mit einem Netz oder Vlies.

TRAUERMÜCKEN, DIE SCHWEBENDEN SCHWIRRLINGE

So erkennst du Trauermücken: Schwirren winzige schwarze Fliegen um deine Pflanzen herum oder krabbeln sie auf der Erde herum? Dann hast du wahrscheinlich Trauermücken bei dir! Besonders beliebt bei ihnen: Deine Anzucht auf der Fensterbank – da ist es schön warm und feucht!

Diesen Schaden richten Trauermücken an: Die Larven futtern sich an den Wurzeln deiner Pflanzen satt. Sie stecken oft dahinter, wenn deine Anzucht vor sich hin kümmert und das Wachstum einstellt.

So wirst du Trauermücken los: Sorge dafür, dass die Erde zwischen deinen Gieß-Sessions ordentlich abtrocknet. Eine Schicht Sand oder dünner Splitt helfen oft schon gegen Trauermückenbefall.

ECHTER MEHLTAU, DER BELAGERER

So erkennst du Echten Mehltau: Die Pilzkrankheit zeigt sich durch mehlartigen Belag auf Blättern und an Stängeln der befallenen Pflanzen. Der Belag ist in der Regel weiß, sieht aber manchmal auch gelblich braun aus. Echter Mehltau tritt oft auf, wenn nach einer längeren Trockenperiode starke Gewitter oder Regengüsse folgen.

Diesen Schaden richtet Echter Mehltau an: Pflanzen, die stark mit Mehltau befallen sind, können keine oder weniger Photosynthese betreiben und sterben dadurch ab.

So wirst du Echten Mehltau los: Im Akutfall duschen wir befallene Pflanzen mit einer Mischung von einem Teil Milch mit neun Teilen Wasser ab – die Milchsäure zerstört die Pilzzellen oder hemmt zumindest deren Wachstum. Ist es zu spät für eine solche Sonderbehandlung, entferne die befallenen Pflanzenteile und entsorge sie über den Hausmüll. Nie auf den Kompost werfen: Dort hätten die Schädlinge eine große Überlebenschance und wären möglicherweise bald wieder zurück im Spiel in deinem Hochbeet-Game. Eine gute Vorsorge gegen viele Fieslinge ist, die Pflanzen nicht zu dicht zu setzen.

BRAUNFÄULE, DIE ZERSTÖRERIN

So erkennst du Braunfäule: Die Pilzkrankheit tritt in der Regel an Tomaten- und Kartoffelpflanzen auf. Die Früchte bekommen in Folge braune Flecken und werden matschig. Auch das Grün der Pflanze wird fleckig.

Diesen Schaden richtet Braunfäule an: Tomaten und Kartoffeln mit Braunfäule werden ungenießbar.

So wirst du Braunfäule los: Bemerkst du erste braune Flecken, solltest du die gesamte Pflanze über den Hausmüll entsorgen. Um dem vorzubeugen, achte darauf, dass die Pflanzen nicht zu eng stehen – so kannst du einen Befall verhindern.

Raupen des großen Kohlweißlings

Hummeln und andere Wildbienen fliegen auf Distelblüten.

DIESE JOKER WILLST DU IM GARTEN HABEN

Jedes noch so kleine Beet braucht sie: Die großen und kleinen Helferlein, die ihren Beitrag dazu leisten, dass aus einem Samenkorn eine erfolgreiche Ernte wird. Hier liest du, welche Joker du dir in den Garten holen solltest!

HUMMELN & ANDERE WILDBIENEN – GOOD VIBRATIONS!

So erkennst du Hummeln und Kollegen: Wildbienen kommen in allen möglichen Formen und Farben vor. Die bekannteste Vertreterin ihrer Art ist wohl die Gartenhummel mit ihrem stämmigen, gelb-schwarzen Körper.

Diese Superkraft haben Hummeln und Wildbienen: Sie bestäuben diverse Nutz- und Wildpflanzen. Hummeln können mit ihren Flügeln Vibrationen erzeugen, die versteckte Pollen – etwa von Tomaten – aus den Blüten schütteln. Ihr Wert für die Landwirtschaft wird nach Berechnungen des Bunds für Umwelt und Naturschutz Deutschland (BUND) mit dem ökonomischen Wert für ganz Europa von 14,2 Mrd. Euro bemessen. Das erklärt sich mit der Ertragssteigerung und Qualitätssicherung dank der Wildbienen.

So lockst du Hummeln und Wildbienen an: Setze Pflanzen in dein Hochbeet und in deinen Garten, die vom frühen Frühjahr bis in den späten Herbst hinein für Blüten und damit für Nahrung der Wildbienen sorgen. Achte dabei auf Vielfalt – denn die unterschiedlichen Wildbienenarten mögen unterschiedlichste Blütenfarben und -formen. Wir lassen im Spätsommer immer eine Brokkoli-Pflanze stehen, nachdem wir sie abgeerntet haben. Im Winter bleibt mindestens ein Grünkohl oder ein Rosenkohl im Beet, der dann im Frühling blüht. Darauf fliegen Wildbienen aller Art!

REGENWÜRMER, DIE VERWANDLUNGSKÜNSTLER

So erkennst du Regenwürmer: Wenn du mit einer Pflanzkelle in den Boden im Beet oder auch daneben stichst und sich das Erdreich auf einmal bewegt, bist du auf einer heißen Spur. Manchmal erkennst du sie auf der Beet-Oberfläche an den kleinen Häufchen, die sie beim Futtern durch das Erdreich hinterlassen.

Diese Superkraft haben Regenwürmer: Sie futtern sich durch Kompost oder Erde und verwandeln Pflanzenteile und anderes organisches Material in nährstoffreiches Substrat.

So lockst du Regenwürmer an: Mulche die Erde in deinen Beeten mit organischem Material wie Laub oder Rasenschnitt. Lege dafür einen Kompost an. Achte bei deiner Auswahl auf Pflanzen mit tiefen Wurzeln, Rosen etwa. So werden dir die Würmer die Bude einrennen.

FLORFLIEGEN, DIE GUTEN, GRÜNEN FEEN

So erkennst du Florfliegen: Sie sind auffallend grün und haben große transparente Flügel.

Diese Superkraft haben Florfliegen: Ihre Larven sind regelrechte Fressmaschinen mit einer Vorliebe für Blattläuse und Spinnmilben. Eine Florfliege kann in ihrem doch recht kurzen Leben von einigen Wochen bis maximal einigen Monaten bis zu 5 000 Schädlinge verspeisen.

So lockst du Florfliegen an: Sie ernähren sich von Nektar, Pollen und Honigtau der Blattläuse oder Spinnmilben. Wenn du sie in den Garten einladen möchtest, biete ihnen verschiedenste Blühpflanzen an. Die Tierchen fliegen auf Rot – wenn du ihnen einen Unterschlupf baust, solltest du diesen am besten in dieser Knallfarbe anmalen.

SINGVÖGEL, DIE GUTE-LAUNE-GOURMETS

So erkennst du Singvögel: Amsel, Drossel, Fink und Star ... hörst du nicht nur frühmorgens, sondern siehst sie, wenn sie in deinem Garten oder um deinen Balkon herumflattern.

Diese Superkraft haben Singvögel: Sie sorgen für ein ökologisches Gleichgewicht im Garten, denn sie snacken nur zu gern Falter, Käfer, Raupen und Schnecken.

So lockst du Singvögel an: Pflanze Sträucher oder Bäume, um ihnen Rückzugsorte zu schaffen. Biete Wasserstellen an. Füttere sie mit Beeren, Samen und Mehlwürmern, damit sie sich rund ums Jahr bei dir wohlfühlen.

NEMATODEN, DIE VERNICHTER DER BÖSEN

So erkennst du Nematoden: Eigentlich gar nicht. Nematoden sind mikroskopisch kleine Würmer. Nematoden gibt es als gute und böse Mitspieler.

Diese Superkraft haben Nematoden: Die nützlichen Nematoden sind sogenannte „parasitäre Nematoden", die schädliche Insekten und deren Larven als Wirte nutzen und so ihren Spielbeitrag zur Schädlingskontrolle leisten. Ähnlich wie Schlupfwespen sorgen Nematoden dafür, dass sich diverse Schädlinge nicht mehr weiterentwickeln.

So lockst du Nematoden an: Es gibt verschiedene Nematoden-Arten, die du gezielt gegen bestimmte Schädlinge kaufen kannst. Lass dich im Fachhandel individuell beraten.

MARIENKÄFER, DIE BILDERBUCHLIEBLINGE

So erkennst du Marienkäfer: Die knallroten Käfer mit schwarzen Punkten kennt wohl (fast) jedes Kind. Neben dem Sieben-Punkte-Käfer aus dem Bilderbuch gibt es auch Arten mit mehr Punkten, gelbe Käfer mit schwarzen oder schwarze Käfer mit roten Pünktchen.

Diese Superkraft haben Marienkäfer: Larven wie Käfer sind sehr gefräßig und ernähren sich von Blattläusen und ähnlichen Tieren.

So lockst du Marienkäfer an: Diverse Blühpflanzen helfen, die Käfer in den Garten oder auf den Balkon zu locken und anzusiedeln. Eine weitere Möglichkeit ist: Wenn du mit Blattläusen befallene Pflanzen hast, lässt du diese am besten ein paar Tage unbehandelt, um Marienkäfer anzulocken.

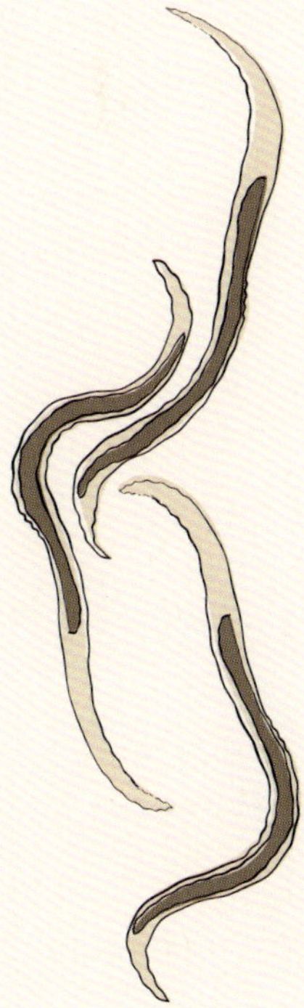

RAUBMILBEN, DIE FRESSMASCHINEN

So erkennst du Raubmilben: Die winzigen spinnenartigen Tierchen sind mit bloßem Auge schwer zu erkennen.

Diese Superkraft haben Raubmilben: Sie futtern Schädlinge wie Spinnmilben, Thripse (schlanke Schädlingsinsekten mit Rüssel) und Blattläuse zum Frühstück, zum Mittag und zum Abendbrot.

So lockst du Raubmilben an: Blütenreiche Pflanzen sind ein guter Start, um Raubmilben anzusiedeln. Wie bereits erwähnt, kannst du sie sogar im Handel kaufen.

SCHLUPFWESPEN, DIE MIT DEN INNEREN WERTEN

So erkennst du Schlupfwespen: Sie sind schwarz und etwa so groß wie Ameisen. Auffällig an ihnen ist ihr langer Legestachel.

Diese Superkraft haben Schlupfwespen: Achtung, jetzt wird es fies: Schlupfwespen legen ihre Eier in oder auf Körpern von anderen Insekten ab. Die Larven schlüpfen in die Wirtstiere und fressen sie von innen auf. Sehr effektiv, wenn du böse Raupen loswerden willst.

So lockst du Schlupfwesen an: Nektarreiche Pflanzen ziehen die kleinen Insekten magisch an. Mit Doldenblütlern wie Dill, Fenchel und Wilder Möhre bist du gut beraten.

SELBSTVERTEIDIGUNG FÜR DEINE BEETE

Die beste Verteidigung gegen ungebetene Gäste im Garten ist es, ein natürliches ökologisches Gleichgewicht zu schaffen. Deshalb bemühen wir uns, beste Spielbedingungen für die Joker zu gestalten – und setzen darauf, dass sie ihre Magie walten lassen. Was unsere wichtigste Devise ist, wenn wir Schädlinge im Garten entdecken? Zunächst erstmal das Spiel weiterlaufen lassen und beobachten, ob sich das Problem von selbst löst. Wenn es das nicht tut, ergreifen wir folgende Maßnahmen:

1. JAGEN UND SAMMELN

Wir sammeln Eier, Raupen oder Schnecken ab. Gegen Läuse und ähnliche Lästlinge verpassen wir unseren Pflanzen erst einmal eine kräftige Dusche mit dem Gartenschlauch. Von Pilzen befallene Pflanzenteile schneiden wir großzügig weg.

2. NATÜRLICHE CHEMIE EINSETZEN

Sind die Schurken nach wie vor an unseren Pflanzen aktiv, gehen wir mit Chemie zu Werke. Wir nutzen keinerlei Pestizide oder Herbizide, sondern wählen natürliche Schädlingsbekämpfung. Unsere Geheimwaffe: Neemöl. Das wirkt gegen Mehltau ebenso wie gegen Trauermücken und/oder Blattläuse. Wir bringen es im Verhältnis 1:10 großzügig auf Blätter und andere Pflanzenteile auf. Bei Bedarf wiederholen wir die Behandlung mehrmals hintereinander.

3. HER MIT DEN JOKERN!

Bekommen wir das Problem nicht in den Griff, müssen andere Mittel her – da dürfen dann Schlupfwespen oder Nematoden ihren Job machen.

Helferlein aus dem Handel

Anbieter wie Plantura bieten die Möglichkeit, Nützlinge auf Bestellung zu erhalten. Hier bekommst du nicht nur Nematoden, Raubmilben oder Schlupfwespen, sondern kannst auch Florfliegen und Marienkäfer im Larvenstadium ordern.

HIER SCANNEN FÜR SCHRITT-FÜR-SCHRITT-ANLEITUNG

TIPPS & TRICKS FÜR MEHR WILDES LEBEN IM GARTEN

Du willst voll das wilde Leben bei dir im Garten oder auf Terrasse und Balkon? Diese Tipps helfen dir dabei, mehr Artenvielfalt auf kleinstem Raum zu schaffen und dir eine Reihe an Jokern in die Beete zu locken.

1. EINHEIMISCHE PFLANZEN VOR!

Setze auf Pflanzen, die das regionale Klima bei dir gewohnt sind – zumal die einheimischen Wildbienen und Insekten auf diese Pflanzen eingestellt sind.

2. LASS ES RUND UMS JAHR BLÜHEN

Sorge dafür, dass bei dir ab Februar bis in den November hinein immer etwas blüht. Setze dafür verschiedene Frühblüher wie Winterlinge, Schneeglöckchen, Perlhyazinthen, (Wild-)Tulpen und Narzissen in den Boden. Pflanze dazu Sträucher und Bäume, die sowohl früh im Jahr (Zaubernuss, Haselnuss, Kätzchenweide) als auch spät (Buschklee, Mönchspfeffer) blühen. Hummeln und andere Bestäuberinsekten werden es dir danken!

3. BIETE MEHR FUTTER AN

Neben Nektar- und Pollen-Pflanzen für Insekten braucht dein Naturgarten auch ein Futterangebot für Vögel. Beerensträucher und Getreide sowie Gräser sind da ideal. Oder aber, du bestückst Futterhäuschen oder andere geeignete Plätze mit Vogelfuttermischungen.

4. SAGE NEIN ZU PESTIZIDEN UND HERBIZIDEN

Vermeide Chemie, wo es geht. Der Einsatz von Pestiziden und Herbiziden hilft dir zwar, ungebetene Gäste zu verscheuchen, sorgt aber auch dafür, dass die Nützlinge vergrault werden – oder sogar sterben.

5. ERRICHTE VERSTECKE

Insekten, Vögel und die anderen Joker-Lebewesen brauchen nicht nur Futter, sondern auch ein Dach über dem Kopf, um zu nisten oder sich vor kaltem und nassem Wetter zu schützen. Biete verschiedene Formen an Insektenhotels an, errichte einen Totholzhaufen und lasse Stauden im Winter stehen.

6. SCHAFFE WASSERSTELLEN

Deine Gartenjoker wollen sich auch mal abkühlen oder etwas trinken. Ein (Mini-)Teich oder Wasserstellen sind Versorgungsquellen für das wilde Leben (siehe Seite 48).

7. REDUZIERE DEINE RASENFLÄCHEN

Statt einer riesigen Rasenfläche, die du ständig pflegen musst, legst du am besten wilde Wiesen an. Diese wachsen ruckzuck zum wahren Wildbienenparadies. Wenn du Bienenweide-Mischungen verwendest, solltest du darauf achten, möglichst einheimische Pflanzen auszusäen.

8. VERMEIDE LICHTVERSCHMUTZUNG

Reduziere deine Außenbeleuchtung auf das Mindestmaß. Wir nutzen zum Beispiel Bewegungsmelder, die nur angehen, wenn wir durch den Garten gehen. So kommen tagaktive Tiere zur Ruhe und nachtaktive Tiere werden nicht unnötig geblendet.

9. LASS DEINE GRÜNFLÄCHE AUCH MAL IN RUHE

DER beste Tipp für mehr wildes Leben rund um deine Beete: Lass mal alle Fünfe gerade sein und drücke beide Augen zu. Beikraut oder Totholz lockt viele nützliche Tiere an. Plus: Du darfst dich auch mal entspannen. Eine echte Win-win-Situation!

Einfach und schnell gemacht: eine Bienentränke

DIY: BIENENTRÄNKE

(Wild-)Bienen und andere Insekten brauchen drei Dinge, um sich bei dir wohlzufühlen: Futter, Nistplätze – und Wasserstellen! Die kleinen Tiere trinken davon nicht nur. Sie nutzen das Wasser auch, um sich abzukühlen. Eine Bienentränke hast du im Handumdrehen mit Materialien aus deinem Garten aufgestellt!

WAS DU BRAUCHST

- eine flache Schale oder einen Untertopf
- Steine, Moos, Rinde, Holzhäcksel oder kleine Äste
- Wasser

SO GEHT'S

1. Fülle Steine und Holz in die Schale, sodass das Material bis ca. 1 cm unter den Rand reicht.
2. Gib Moos obendrauf. So können Insekten besser landen und fühlen sich in der Bienentränke wohler.
3. Fülle die Schale mit Wasser auf. Gieße regelmäßig nach.

DIY: MINIINSEKTENHOTEL IN DOSEN

Du willst Wildbienen & Co. einen Unterschlupf anbieten? We like! Das kannst du schon auf kleinstem Raum tun: Diese süßen Dosen-Hotels für Insekten passen auf jeden Balkon und jede noch so kleine Terrasse. Und sie sind eine tolle Bastelei für zwischendurch – auch für Kinder!

WAS DU BRAUCHST:

- saubere Dosen in verschiedenen Größen – ideal sind 200 g- oder 400 g-Dosen
- Schilfröhren
- Lehm, Wasser und einen Holzstecken zum Anrühren
- scharfes feines Sägemesser oder eine feine Säge
- Schleifpapier
- für draußen geeigneten Draht, ca. 45 cm pro Dose
- optional: wetterfeste Farbe und Pinsel

SO GEHT'S

1. Bereite die Schilfröhren vor, indem du sie mit dem Messer oder der Säge auf Länge (ca. 11–13 cm) schneidest und die Öffnungen mit Schleifpapier säuberst, damit keine scharfen Kanten die kleinen Besucher verletzen.
2. Pikse ein Loch in den Boden der Dose, am besten nah am Rand. Fädele nun deinen Draht durch. Daran hängst du das Minihotel später auf. Jetzt kannst du deine Dose nach Belieben gestalten. Wir haben sie mit Acrylfarbe bunt angemalt.
3. Rühre den Lehm mit Wasser an, bis er eine zähe Konsistenz hat. Schütte erst das Tonpulver in dein Mischbehältnis und gib dann nach und nach das Wasser dazu. Fülle die Dose mit der Mischung ca. 2 cm hoch auf und stecke nun die Schilfröhren hinein, bis keine mehr hineinpasst.
4. Anschließend an einem sonnigen, windgeschützten Ort aufhängen – und auf Gäste warten!

Lockstoff für Gartenvögel: selbst gemachte Meisenknödel

DIY: VOGELFUTTER-KNÖDEL

Viele Singvögel bleiben auch den Winter über bei uns. Damit sie immer genug zu fressen haben, füttern wir sie – zum Beispiel in Form von selbst gemachten Meisenknödeln. Die machst du ganz einfach selbst.

WAS DU BRAUCHST

- 1 kg Vogelfuttermischung, geeignet für die Winterfütterung
- 500 g Kokosfett
- 4–5 leere Joghurtbecher oder andere Gefäße, die du aufschneiden kannst, alternativ kannst du auch kleine Terrakotta-Töpfe nutzen
- 4–5 Äste, ca. 30 cm lang – verwendest du Terrakotta-Töpfe, sollten die Äste durch das Loch passen
- Schnur zum Aufhängen
- Schere
- Herd oder Herdplatte und Topf, um das Fett zu erwärmen
- Kochlöffel

SO GEHT'S

1. Bastel dir zuerst die Halterung für die Knödel. Dafür knotest du ein etwa 60 cm langes Stück Schnur um einen Ast. Fädele dann Schnur und Ast so ein, sodass sich der Knoten im Becher befindet. Wenn du Joghurtbecher verwendest, schneidest du ein Loch in den Boden, um den Ast hindurchzubekommen. Der Ast sollte etwa zu einem Drittel oben aus dem Becher oder Topf herausschauen.

2. Erhitze das Fett im Topf, bis es flüssig ist. Gib nun die Futtermischung dazu und rühre gut um. Schalte dann die Herdplatte aus.
3. Wenn die Masse abkühlt und zähflüssig wird, kannst du sie in deine Becher oder Töpfchen umfüllen. Lasse sie mindestens eine Stunde fest werden, bevor du die Becherhülle entfernst. Die Terrakotta-Töpfchen bleiben so, wie sie sind.
4. Hänge die Knödel an einem windgeschützten Ort in deinem Garten auf. Fertig!

Zweig und Schnur können später einfach auf den Kompost wandern.

Die erste Aussaat
kann kommen.

KAPITEL 3: DAS RADIESCHEN-LEVEL

Das Hochbeet steht – die Spiele können beginnen! Du wirst schnell feststellen: Gärtnern ist einfacher als du denkst. Jedenfalls, wenn du mit den Basics startest. Dein erstes Hochbeet-Game-Level ist das Radieschen-Level. Das ist so easy, wie die roten Gemüsekugeln im Hochbeet wachsen. Wollen wir wetten? Hier findest du reichlich Infos und Tipps, mit denen du Step by Step deine Angst vor dem Grün überwindest – und zu einem Hochbeet-Hero wirst. Sag deinem schwarzen Daumen bye-bye!

SPIELERISCH ZUM GÄRTNER*INNENGLÜCK

Du hast schon einmal von „Anzucht unter Glas" gelesen, hast aber weder Platz in der Wohnung, noch willst du so viel Aufwand betreiben? Dir sind bereits Begriffe wie „Stark- und Schwachzehrer" begegnet, aber dir schwirrt jetzt schon der Kopf? Hier kommen die wichtigsten sieben Fragen für Einsteiger – und unsere Antworten!

1. WIE VIEL AUFWAND MACHT EIN HOCHBEET?

Klar: So ein Hochbeet ist schon mit Arbeit verbunden. Aber: Du bestimmst, wie viel Arbeit es werden soll. Säst du unkompliziertes Gemüse und Kräuter wie Erbsen, Salate oder Schnittlauch aus, beschränkt sich dein Aufwand pro Woche zusammengerechnet auf etwa eine Stunde.

2. WANN STARTE ICH MIT MEINEM HOCHBEET?

Die beste Zeit, ein Hochbeet anzulegen, ist der Herbst. Wahlweise im Frühjahr: Mitte März bis Anfang April ist ideal, um mit deinem Hochbeet-Garten zu starten.

3. WAS BRAUCHE ICH FÜR MEINE ERSTE AUSSAAT?

Um loszulegen, benötigst du dein aufgebautes und befülltes Hochbeet. Außerdem hilfreich ist eine Harke oder eine kleine Hacke, um Reihen für die Aussaat und das Einpflanzen ziehen zu können. Wenn du magst, kannst du auch eine Schnur und zwei Stecken bereitlegen. Das Saatgut spielt hier natürlich die Hauptrolle und sollte griffbereit liegen. Wasser nicht vergessen – fülle dir eine Gießkanne auf oder rolle den Schlauch aus.

4. WAS SOLL ICH ÜBERHAUPT AUSSÄEN?

Säe am besten nur Gemüse und Kräuter, die direkt im Beet wachsen und weder große Vorbereitung wie Anzucht auf der Fensterbank noch langwierige Pflege brauchen. Die Gewinnerformel heißt: „Direktsaat oder Aussaat im Freiland". Eine Auswahl mit unseren Top 7 Gemüse-Arten für Anfänger*innen findest du ab Seite 66.

5. WAS MUSS ICH NACH DER AUSSAAT MACHEN?

Wenn das Saatgut erstmal in der Erde ist, brauchst du eigentlich nur Geduld. Den Rest macht die Natur. Ist es sehr warm und trocken, solltest du dein Hochbeet ab und zu gießen. Mach dazu den Zeigefinger-Test. Bohre diesen bis zum ersten Gelenk in die Erde. Bleibt kein Substrat am Finger kleben, hat dein Beet Durst! Wenn du merkst, dass deine Pflanzen zu dicht stehen, weil du zu dicht gesät hast, rupfst du einfach welche raus. Mehr To-dos für fettes Ernten liest du ab Seite 64.

6. AB WANN KANN ICH ERNTEN?

Je nach Gemüse kannst du das erste Grün nach vier bis sechs Wochen ernten. Rucola etwa oder auch Zuckerschoten. Manche Pflanzen brauchen länger, um zu reifen. Säe und pflanze nicht zu viel von einer Sorte gleichzeitig, sonst erntest du innerhalb von drei Tagen zehn Salatköpfe! Du vermeidest Überfluss, wenn du Salat besser mit einem zeitlichen Abstand von zwei oder drei Wochen nachsäst. Dann hast du auch länger etwas von deinem Hochbeet!

7. WAS MACHE ICH, WENN ES NICHT KLAPPT?

Das Schöne am Gärtnern ist: Dir kann nicht viel passieren. Außer, du fängst gar nicht an. Beginne mit Baby-Steps und beschränke in deiner Anfangszeit die Gartensaison auf wenige Monate. So bleibst du hochmotiviert und wirst dich im nächsten Jahr ins nächste Level wagen! Keine Sorge, wenn es nicht klappt, wirst du viel daraus lernen. Du kannst also nur gewinnen!

SO SPIELST DU DICH IN DREI SCHRITTEN INS RADIESCHEN-LEVEL

Du bist also bereit, dein Glück auf Grün zu setzen und zu beginnen? Wunderbar! Wenn die Temperaturen stabil sind und es keine Nachtfröste mehr gibt, können die Samenkörnchen in die Erde. Die Faustregel für den richtigen Zeitpunkt: Wenn bei dir in der Gegend die Forsythie blüht (in der Regel Mitte März), kannst du loslegen. So säst du aus:

ZIEHE DEINE REIHEN

Nimm die Harke zur Hand und ziehe damit deine Pflanzreihen. Du solltest etwa 2 cm tiefe Rillen ziehen. Die Reihen sollten einen Abstand von etwa 20 bis 30 cm haben.

SÄE GEMÜSE & KRÄUTER AUS

Überlege, wo du welche Pflanzen haben möchtest. Erbsen oder Bohnen etwa brauchen etwas Platz. Diese Gemüse kommen in die Mitte oder an den Rand. Drumherum ordnest du die kleineren Pflanzen wie etwa Salate an. Bringe das Saatgut in die Rillen aus. Schütte es am besten erst einmal auf deine Handfläche, bevor es ins Beet wandert. So schaffst du es, gleichmäßiger auszusäen. Beachte die Angaben auf dem Samentütchen, wie viel Abstand zwischen den Samen nötig ist.

ANDRÜCKEN, ANGIESSEN, FERTIG!

Nun gibt es zwei Möglichkeiten: Viele Gemüse munkeln gern im Dunkeln. Das Saatgut von Bohnen und Radieschen zum Beispiel solltest du mit einer dünnen Schicht Erde bedecken. Lichtkeimer wie Basilikum hingegen drückst du einfach nur an. Dann gießt du einmal mit einer Brause, sodass das Saatgut nicht wegschwemmt. Für die nächsten Tagen lautet die Spielregel: Die Erde feucht halten. Das hilft den kleinen Samen beim Keimen.

Lichtkeimer vs. Dunkelkeimer

Ob eine Pflanze lieber im Hellen oder Dunklen keimt, erkennst du an diesem Zeichen oder an dem Begriff „Lichtkeimer" bzw. „Dunkelkeimer".

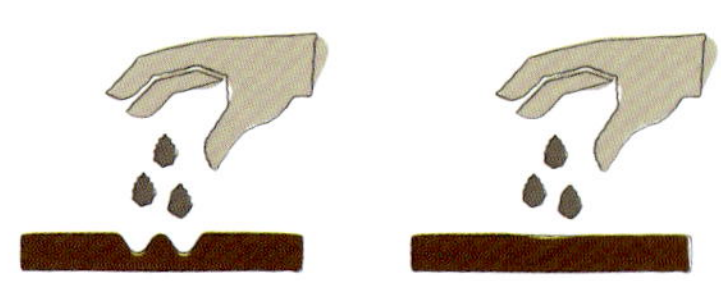

Dunkelkeimer **Hellkeimer**

DEINE ERFOLGSFORMEL FÜR FETTE ERNTEN

Um lange Freude an deinem Grün im Beet zu haben, solltest du den Pflanzen etwas Liebe angedeihen lassen. Die Love-Language von Pflanzen ist relativ einfach zu entschlüsseln: Sie brauchen Wasser, Luft und Wärme – und manche auch hin und wieder etwas Dünger. Hier kommen fünf Foolproof-Gartentipps für dich – garantiert unkompliziert:

RICHTIG GIESSEN

Je nachdem, wie warm und trocken es ist, solltest du einmal die Woche oder auch täglich gießen. Sorge dafür, dass die Pflanzen beim Gießen richtig satt werden. Die Erde sollte schön feucht aussehen, das Wasser aber nicht stehen bleiben. Gieße immer unten an den Stängel der Pflanzen und vermeide es, die Blätter zu benetzen – sonst drohen Mehltau oder Sonnenbrand! Mehr liest du auf Seite 36.

UNGEBETENE GÄSTE IN SCHACH HALTEN

Wenn sich kleine Tierchen oder ungebetene Pflanzen – auch bekannt als Unkraut oder Beikraut – in deinem Hochbeet breitmachen, solltest du diese entfernen. Beikraut rupfst du einfach aus. Gegen das meiste Getier ist ein Kraut gewachsen, das du in Form einer Jauche, einer Brühe oder eines Tees ausbringen kannst. Mehr liest du auf Seite 161.

NACHHALTIG DÜNGEN

Pflanzen wie Zucchini, Tomaten und andere Starkzehrer brauchen im Verlauf des Sommers mehr Nährstoffe, als die Beeterde hergibt. Wir düngen das erste Mal vier bis sechs Wochen nach Aussaat und dann bis zur Ernte alle zwei Wochen. Entweder, du kaufst (Bio-)Dünger im Gartenmarkt deines Vertrauens – oder aber, du setzt eine Jauche an. Mehr liest du auf Seite 160.

UNTERSTÜTZUNG ANBIETEN

Du wirst sehen: Bohnen oder auch Erbsen brauchen eine starke Schulter zum Festhalten. Sonst sind sie fix vom Winde verweht – und in deinem Hochbeet herrscht das Chaos. Aus Haselnuss-Stecken baust du unkompliziert ein Rankgitter, das du sogar wiederverwenden kannst. Mehr liest du auf Seite 71.

MULCHEN

Ein super Trick in Sachen Gärtnern?! Das Mulchen! Dabei bedeckst du die Erde um deine Pflanzen herum mit Grünmasse wie welke Blätter oder Rasenschnitt (nur von Hand- oder Elektromähern!). Das hält die Feuchtigkeit besser im Boden und sorgt so dafür, dass du weniger gießen muss. Und es füttert Gemüse und andere Pflanzen mit Nährstoffen. Mehr liest du auf Seite 120 und 162.

LIEBEN WIR: 7 KANN-NIX-SCHIEFGEHEN-GEMÜSEARTEN

Keine Sorge, du kommst gleich in den Genuss von diversen zusammengestellten Beetplänen. Wenn du lieber auf eigene Faust gärtnerst oder einzelne Gemüsearten nicht magst, stellen wir dir hier ein paar Kandidaten im Einzelporträt für dein Hochbeet im Radieschen-Level-Style vor. Und? Welches wird dein nächstes Lieblingsgemüse?

RADIESCHEN

Schon bevor wir unseren Garten hatten, waren wir riesige Radieschen-Fans. Etwas schade – beim Einkaufen gibt's fast immer nur eine Sorte: die runden roten. Wir säen uns eine bunte Vielfalt, von länglichen weißen Eiszapfen bis hin zu total scharfen, dunklen, kugelrunden Früchten sind ungefähr alle Varianten dabei. Wenn du deine erste Aussaat an Radieschen schon im April aufgeschmaust hast, kannst du einfach nochmal nachsäen – theoretisch bis in den September hinein. Und wenn die Reihen mal zu dicht geraten sind? Einfach ausdünnen, also einige Pflanzen unreif ernten. Die jungen Kerlchen nicht wegwerfen! Sie schmecken hervorragend in Salaten.

Zeit bis zur Ernte: im Frühling nach etwa sechs Wochen, im Sommer schon nach drei bis vier Wochen.
Was schiefgehen kann: Radieschen schmecken nicht nur uns Menschen, sondern auch der Kohlfliege. Ein Netz als Abdeckung hilft. Oder einfach früh genug aufessen.
Geheimtipp: blühen lassen und die leckeren Schoten ernten.

SALATE, SALATE, SALATE

Wir säen und ernten Salate quasi rund ums Jahr. Unsere Top-3-Sorten für die Aussaat im April:

1. Babyleaf – eine Mischung aus verschiedensten Salatsorten, die ganz jung geerntet werden.
2. Rucola – der wächst bei uns rund ums Jahr.
3. Romanasalat *Forellenschluss* – sieht einfach toll aus und schmeckt sehr lecker mild bis süß. Was wir auch sehr empfehlen können: die *Gartenmelde*. Wir finden: Sie schmeckt wie irgendwas zwischen Salat und Spinat.

Zeit bis zur Ernte: vier bis sechs Wochen
Was schiefgehen kann: Schnecken lieben Salat. Mehr zur Abwehr der kriechenden Gartengesellen liest du auf Seite 149 und 165.
Geheimtipp: in mehreren „Schwüngen" säen. So hast du nicht zu viel Grün auf einmal.

ZUCKERERBSE

Zuckererbsen kannst du gleich dreimal ernten: Die leckeren Spitzen – mit oder ohne Blüten – peppen jedes Gericht auf. Die Zuckerschoten isst du direkt aus der Hand oder nutzt sie als knackig-grünes Element in Wok-Gemüse oder Ähnlichem. Mit den reifen Hülsenfrüchten kochst du alle Gerichte, die dir mit Erbsen so in den Sinn kommen.

Zeit bis zur Ernte: sechs bis acht Wochen
Was schiefgehen kann: Erbsen wollen hoch hinaus und brauchen ein Rankgitter.
Geheimtipp: Zuckererbsen gibt es mit weißen und rosafarbenen Blüten – und mit Früchten.

SPINAT

Spinat eignet sich hervorragend für Anfänger*innen. Denn: Er verzeiht so einige Fehler und wächst und wächst – egal, wie warm oder kalt es ist oder ob du regelmäßig gießt oder nicht. Auch seine nahe Verwandte, die Gartenmelde, eignet sich hervorragend für den Gemüseanbau auf niedrigem Spiele-Level. Achte einfach darauf, eine „robuste" Sorte zu nehmen – zum Beispiel *Matador* oder *Butterfly*. Dann bekommst du die Gelinggarantie obendrauf.

Zeit bis zur Ernte: etwa sechs Wochen
Was schiefgehen kann: eigentlich nichts
Geheimtipp: Wenn du mit dem Ernten nicht nachkommst: Spinat eignet sich hervorragend als Gründünger oder Mulchmaterial.

MANGOLD

Mangold ist etwas, das wir vor unserer Kleingartenkarriere nur selten auf dem Teller hatten. Seit wir einen Garten haben, möchten wir das Stielgemüse nicht mehr missen. Er wächst ähnlich unkompliziert wie Spinat und liefert dir Ernten über einen langen Zeitraum hinweg. Wir mögen Mangold in Quiches, Aufläufen, zu Pasta oder Reis.
Zeit bis zur Ernte: zehn Wochen
Was schiefgehen kann: Wenn du Rote Bete und Mangold zu eng nebeneinandersetzt, entwickeln sich die Pflanzen nicht optimal.
Geheimtipp: Wir lieben die bunte Variante Rainbow, weil sie auch optisch im Beet richtig etwas hermacht.

BUSCHBOHNE

Wir sind nicht die größten Fans von dicken Bohnen und mögen am liebsten „Schnippelbohnen". Warum wir die Buschbohnen noch lieben? Sie brauchen keine Stütze – weniger Arbeit für uns! Und: Die Früchte wachsen meist oberhalb der Blätter, Schnecken haben hier keine Chance. Wir schwören auf die Buschbohne *Purple Teepee,* die sorgt für wunderbare Farbtupfer im Garten – und allemal im Hochbeet!

Zeit bis zur Ernte: sechs bis acht Wochen
Was schiefgehen kann: eigentlich nichts
Geheimtipp: im sogenannten Horst säen – also statt klassischer Reihen in einer Gruppe von fünf an einem Fleck.

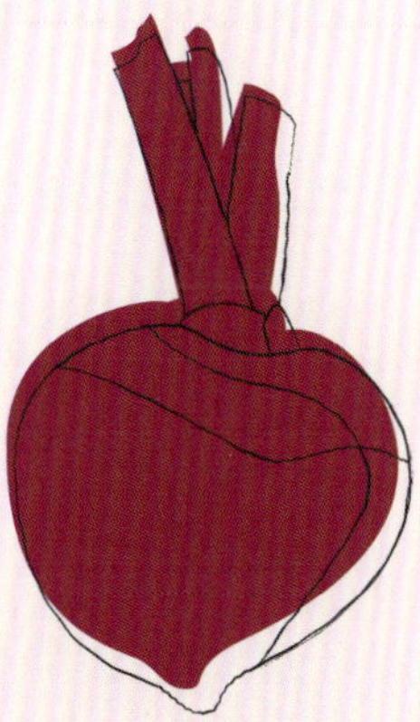

ROTE BETE

Rote Bete sind ein heimisches Superfood – sie enthalten u. a. Eisen, Folsäure, Vitamin B und Kalium. Was uns sehr entgegenkommt: Sie können lange im Beet hocken und schmecken trotzdem noch richtig gut. Ihr Joker: Rote Bete sind viel einfacher im Anbau als gedacht. Du wirst sehen!

Zeit bis zur Ernte: etwa zwölf Wochen
Was schiefgehen kann: Für Kellerasseln sind die roten Kugeln im Beet eine Delikatesse – also doch nicht zu lange stehen lassen.
Geheimtipp: Wer es nicht ganz so erdig mag, switcht auf die rosa-weiße Ringelbete *Tonda di Choggia* oder probiert sich an Gelber Bete wie *Burpees Golden.*

Dank Rankgitter wachsen Erbsen über sich hinaus.

DIY: EASY RANKGITTER FÜR ERBSEN BAUEN

Unter den Gemüsepflanzen gibt es einige, die gern klettern. Dazu gehören Erbsen, Stangenbohnen, Kürbisse, Gurken, Kapuzinerkresse. Mit einem Rankgitter bringst du deine Pflanzen ganz groß raus!

WAS DU BRAUCHST:

- 2 gerade Stecken mit mehr als 2 cm Durchmesser, die du als Pfosten verwendest. Ideal sind Haselnuss- oder Holunderstecken.
- Je nach Höhe und Abstand: 5 oder mehr Stöcke für die Querstreben, mit ca. 1–2 cm Durchmesser und in etwa so lang, wie dein Beet breit ist
- Juteschnur oder auch wetterfester Draht
- Astschere
- Messer oder Schere
- Taschenmesser oder Raspel

Mit Haselnuss und Holunder bauen

Damit dein Hochbeet nicht plötzlich voller Haselnuss- oder Holundersträucher ist, hilft es, die Stecken zu schälen, bevor du sie verbaust. Seitentriebe kannst du mit der Astschere abschneiden.

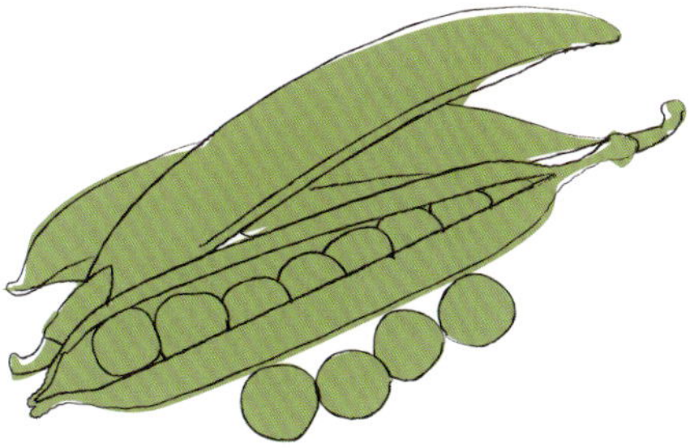

SO GEHT'S:

1. Kürze die Stecken auf die von dir gewünschte Länge. Die beiden Seitenpfosten sollten gleich lang sein. Denk dran, dass sie etwa 20 cm tief in den Boden versenkt werden. Die Querstreben sollten in etwa so lang sein wie dein Beet breit ist – also ca. 80 cm.
2. Dort, wo die Querstreben auf die Pfosten treffen, solltest du diese auskerben jeweils alle 10 cm etwa. Achte darauf, dass die Auskerbungen bei beiden Pfosten auf der gleichen Höhe sind.
3. Binde die Querstreben an den Pfosten fest. Wickle dafür die Schnur mehrfach über Kreuz um die Hölzer. Dann kann der Wind deinem Rankgitter nichts anhaben.

Nun setzt du dein Rankgitter im Hochbeet ein. Wenn nötig, bindest du die Pflanzen daran fest. Wir empfehlen dafür eine Schnur oder einen mit Bast umwickelten Draht.

WAS DU IM RADIESCHEN-LEVEL PFLANZEN KANNST

Bist du ready to roll? Auf den kommenden Seiten findest du drei komplette Pläne, die dir die Bepflanzung deiner Beete erleichtern. Let's play!
Alle Beetpläne gelten für ein Beet mit den Maßen von 80 x 120 cm.

BEETPLAN #1: SNACK, SNACK, WEG!

Mach dein Beet zum Minischlaraffenland: Du musst nur einmal rundherum spazieren und kannst hier und da eine Leckerei frisch vom Strauch oder vom Strunk direkt in den Mund stecken. Viel ist gar nicht zu tun, dank der ausgesuchten „Wächst-wie-von-allein"-Pflanzen. Gardening made easy-peasy!

RADIESCHEN

Die Miniretttiche gelten als ein Anfängergemüse par excellence. Viel falsch machen kannst du nicht – außer zu dicht zu säen. Falls es doch mal passiert, einfach die „jungen Dinger" rausziehen und die Reihen auslichten. Bei uns wächst meist ein bunter Mix aus verschiedenen Radieschen-Sorten.

ERDBEEREN

Okay, Erdbeeren aus Saatgut zu ziehen und Früchte zu ernten, dauert mehr als eine Saison. Deshalb darfst du hier gern „cheaten", also eine Spielrunde überspringen: Statt auszusäen, besorge dir Pflanzen und setze sie direkt ins Hochbeet. Es gibt kaum etwas Besseres, als Erdbeeren in der Sommerwärme direkt aus dem Beet zu naschen!

KAPUZINERKRESSE

Mit den scharf schmeckenden Blättern peppst du jeden Salat auf. Die Blüten machen sich zudem gut als Hingucker auf verschiedenen Gerichten. Blüten und Blätter eignen sich auch als Mini-Snack bei deinem Gartenrundgang. Dank enthaltener Senföle ist die Kapuzinerkresse auch richtig gesund!

KOHLRABI

DAS Rohkost-Gemüse schlechthin! Wir essen Kohlrabi einfach so – oder auch hauchdünn geschnitten und gesalzen als Brotbelag. Du kannst ihn auch wunderbar einlegen. Wir säen oder pflanzen meist mehrere Sorten, zum Beispiel *Superschmelz* oder *Delikateß blauer.*

ZUCKERSCHOTEN

Die knackigsüßen Schoten überleben bei uns nicht lange. Wir snacken sie meist schon auf dem Weg vom Beet zur Gartenlaube ratzeputze leer. Wenn es doch welche in die (Outdoor-)Küche schaffen, schnibbeln wir sie über Salate und Gerichte wie Risotto. So lecker. Gehörst du auch zu der ungeduldigen Sorte? Dann geh' direkt über „Los" und ernte die Spitzen der Pflanze. Damit kannst du diverse Gerichte verfeinern.

BEETPLAN #2: EIN BEET BUNTES

Unsere Lieblingsfarbe ist bunt. Deshalb kommt in unsere Beete nicht nur das, was wir gern essen. Wir schauen gerne auf Hübsches und Farbenfrohes. Also tummeln sich bei uns zwischen den Gemüsepflanzen gerne Blumen. Der Pluspunkt: Bienen fliegen drauf – was am Ende für tolle Ernten sorgt.

BUSCHBOHNEN

Wetten, dass du Bohnen als grüne Bohnen abgespeichert hast? Das Gemüse gibt es allerdings in verschiedenen Farben. Eine unserer liebsten Sorten ist die *Purple Teepee*, eine Buschbohne, die violette Hülsen bildet. Die Sorten *Berggold* und *Helios* sind gelb, die Sorte Sanguino ist grün mit roten Sprenkeln. Wir lieben Buschbohnen nicht nur, weil sie so schön bunt sind, sondern auch, weil sie pflegeleicht sind. Weil die Früchte oberhalb der Blätter wachsen, sind sie super resistent gegen Schnecken.

MANGOLD

Pflanz dir den Regenbogen! Mit Mangold der Sorte *Rainbow* sorgst du für Vielfalt im Beet. Die Stängel sind entweder weiß, gelb, orange oder rot. Die Blätter haben ein kräftiges Grün. Die Farben halten sich beim Kochen, sodass du ordentlich Farbe auf dem Teller hast.

BABYLEAF-SALATE IN VERSCHIEDENEN FARBEN

Selbst Salat muss nicht immer nur grün sein. Mit einem Schnitt- oder Pflücksalat-Mix in verschiedenen Farben pflanzt du dir Abwechslung ins Beet. Praktisch: Es gibt ein Sortensammelsurium als Saatbänder oder Saatscheiben. Hier sind die Samen schon im richtigen Pflanzabstand aufgereiht und farblich vorsortiert. So musst du die Minisamen nicht mühsam selbst in Reih und Glied bringen. Der Salatmix Babyleaf beinhaltet grüne wie auch rötliche Sorten. Wenn du die Salatherzen beim Ernten im Beet stehen lässt, wachsen sie nach und du kannst mehrfach von einer Pflanze ernten.

KORNBLUMEN

Etwas Blaublütiges gefällig? Dann säe zwischen die Gemüse noch ein, zwei Reihen Kornblumen – klassisch in Blau oder in Lila, Hellblau, Zartrosa oder Bordeaux. Hübsch und supernützlich: Kornblumenblüten wirken entzündungshemmend und unterstützen bei Verdauungsbeschwerden. Wir geben die getrockneten Blüten mit in unseren Erkältungstee-Mix.

Essbare Blüten

Wusstest du, dass du zahlreiche Blüten essen kannst? Zugegeben, nicht alle schmecken so großartig, wie sie aussehen. Salate, Suppen und andere Gerichte kannst du wunderbar mit ihnen dekorieren – das Auge isst schließlich mit! Genießbar sind die Blüten von klassischen mediterranen Kräutern sowie Blüten von Löwenzahn, Gänseblümchen, Malven, Rosen, Dahlien und Kornblumen. Einzige Ausnahme: die Pflanzen an stark befahrenen Straßen oder klassischen „Hundeklo-Plätzen".

BEETPLAN #3: SUPERFOODS? SUPERBEET!

Stell dir vor, dein Hochbeet hilft dir, dass dein Daumen grüner wird, und sorgt dafür, dass dein Speiseplan gesünder wird. Ganz wunderbar funktioniert das, wenn du in deinem Beet heimisches Superfood wachsen lässt. Darunter versteht man Lebensmittel, die besonders viele Nährstoffe und/oder sekundäre Pflanzenstoffe in sich vereinen.

Sekundäre Pflanzenstoffe

Neben den Nährstoffen enthalten Pflanzen auch Farb-, Duft- und Aromastoffe, sogenannte sekundäre Pflanzenstoffe. Diese sind dafür da, um Insekten anzulocken oder natürliche Feinde abzuwehren. Man geht davon aus, dass diese Stoffe eine gesundheitsfördernde Wirkung haben.

SPINAT

Die grünen Blätter haben es in sich: Für die Farbe sorgen die Carotinoide Lutein und Zeaxanthin, die gut für die Augen sind. Eisen und Folsäure sind ebenfalls im Spinat enthalten. Noch ein Bonus: viele Ballaststoffe. Außerdem schmeckt er sowohl gekocht als auch roh im Salat.

ROTE BETE

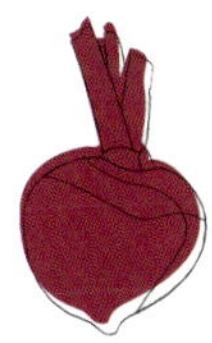

Die tollen Knollen enthalten viel Eisen. Die Farbe entsteht durch Betanin. Sie schmecken klassisch gekocht als Beilage, aber auch roh – zum Beispiel als Rote-Bete-Carpaccio.

GERSTE

Keine Angst, du sollst jetzt kein Getreide anbauen. Du schneidest das grüne Gerstengras und sorgst dafür, dass Smoothies & Co. reichlich Nährstoffe kriegen. Die Stängel enthalten Vitamin C sowie verschiedene B-Vitamine und diverse Mineralstoffe wie etwa Calcium.

RUCOLA

Noch mehr Vitamin C gefällig? Rucola bringt davon einiges vom Beet auf den Teller. Wir lieben ihn im Salat, als Grün über Pasta-Gerichten oder mit Nüssen gemixt im Pesto. Auch als Smoothie-Beigabe macht er sich gut.

GRÜNKOHL

Das Gemüse ist auch bekannt als die norddeutsche Palme und lässt sich viel besser anbauen, als du denkst. Grünkohl enthält viel Vitamin C, E und K. Du kannst ihn gekocht genießen oder auch als Rohkost. Unser Tipp: Die Blätter mit etwas Olivenöl massieren und dann als Salat anmachen. Yummy!

BONUS-LEVEL: SQUARE-FOOT-GARDENING

Du möchtest einen Extralevel gärtnern? Dann probiere es doch mal mit dem Pflanzen im Quadrat – mit dem Square-Foot-Gardening! Dabei setzt du Gemüse und Kräuter nicht klassisch Reihe für Reihe ins Beet, sondern gehst Quadrat für Quadrat vor. Die Methode verspricht mehr Ertrag auf kleinerer Fläche – und sorgt für Abwechslung beim Gemüseanbau.

FÜNF GUTE GRÜNDE FÜR DAS GÄRTNERN IM QUADRAT:

1. Es ist platzsparend: Da die Beete in Quadraten angelegt werden, bringst du auf kleinem Raum eine große Anzahl an Pflanzen unter. Ideal also für kleine Hochbeete!
2. Durch das intensive Pflanzenwachstum wird der Boden vollständig bedeckt, wodurch weniger Platz für Beikraut bleibt.
3. Weil die Pflanzen enger stehen, ist der Boden meistens bedeckt. Dadurch verdunstet weniger Wasser und du musst weniger oft gießen.
4. Idealerweise kombinierst du gute Nachbarn in deinem Quadrat-Beet – wir nennen später noch passende Mitspieler. Diese begünstigen gegenseitig ihr Wachstum und/oder vertreiben ungebetene Gäste.
5. Im Square-Foot-Beet säst und pflanzt du mit mehr Bedacht, sodass du ideale Mengen für deinen Haushalt bekommst.

WAS DU BRAUCHST:

- Material für eine Markierung, zum Beispiel Bambusstäbe oder Juteschnur
- ggf. Astschere
- ggf. Schere, Hammer und Nägel
- ein Maßband oder einen Zollstock

SO GEHT'S:

1. Teile dein Beet in gleich große Quadrate auf. Unsere Hochbeete aus Palettenrahmen bieten Platz für zwölf Flächen mit einer Größe von jeweils etwa 30 x 27 cm.

2. Nutzt du die Bambusstäbe, legst du sie gleichmäßig auf den Rahmen des Beetes. Wenn du dich für die Schnur entschieden hast, schneidest du entsprechende Stücke ab, schlägst an den Seiten des Beetes Nägel ein und bindest die Schnüre fest.

3. Nun kannst du nach deinem Pflanzplan aussäen oder kleine Pflänzchen in die Erde setzen. Dabei kannst du entweder kurze Reihen in den Quadraten anlegen. Oder du setzt oder säst in der Mitte eine Pflanze und säst und setzt dann weitere im Kreis herum.

Gemüse im Quadrat: viel Ertrag auf kleinster Fläche

Stangenbohne trifft Kürbis.

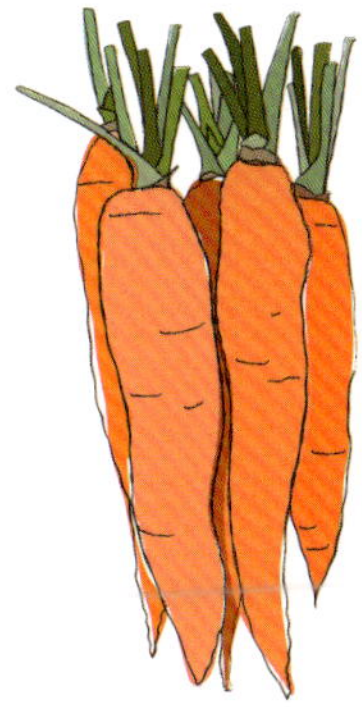

KAPITEL 4: DAS KAROTTEN-LEVEL

Du hast das Radieschen-Level durchgespielt und bist nun auf der Suche nach der nächsten Herausforderung? Herzlich willkommen im Karotten-Level! Wir zeigen dir hier, wie du dein Hochbeet von März bis September bespielst – und führen dich an entscheidende Spielzüge wie eine optimale Anzucht heran.

BEETCHEN, WECHSLE DICH: DARUM IST EINE FRUCHTFOLGE WICHTIG!

So ein Hochbeet ist ein Perpetuum mobile. Einmal ausgesät und angepflanzt, bringst du etwas ins Rollen, was kaum mehr zu stoppen ist. Theoretisch kannst du das ganze Jahr über Gemüse, Kräuter und Obst in deinem Hochbeet anbauen. Die Reihen oder Quadrate, die durch das Ernten frei werden, kannst du für eine neue Aussaat oder das Anpflanzen weiterer Gemüse & Co. nutzen. Dabei solltest du die ideale Fruchtfolge beachten. Dabei gelten zwei Prinzipien:

1. Gemüsearten sollten niemals zeitlich hintereinander an derselben Stelle angebaut werden.

2. Gemüsearten aus der gleichen Pflanzenfamilie solltest du ebenfalls nicht an der gleichen Stelle anbauen. Ausnahme sind die diversen Salatsorten. Die kannst du ruhig ein paarmal hintereinander an einem Ort wachsen lassen.

Warum das so ist? Es kann sein, dass du die Erde zu stark beanspruchst. Starkzehrer wie Kartoffeln oder Tomaten etwa brauchen so viele Nährstoffe, dass die Erde regelrecht ausgelaugt wird. Die nachfolgende Generation an Pflanzen wird es so schwerer haben, heranzuwachsen und dir eine gute Ernte zu bescheren.
Du riskierst außerdem, dass sich Schädlinge wie Kartoffelkäfer, Weiße Fliege oder Kohlweißling im Boden ansiedeln und so die Pflanzen bei der nächsten Aussaat oder Auspflanzung direkt angreifen und schwächen. Wenn dir der Platz für das Spiel „Beetchen, wechsle dich" fehlt, kannst du auch die Erde austauschen. So vermeidest du die geschilderten Probleme.

PFLANZENFAMILIEN IM ÜBERBLICK

Alles, was in unserem Hochbeet-Spiel wächst, ist in Pflanzenfamilien unterteilt. Die Kenntnis von Pflanzenfamilien wie den Kreuzblütlern oder den Kürbisgewächsen ist deshalb wichtig, weil ihre Merkmale oder ihr spezielles Wachstum dir viele Infos geben, zum Beispiel über den richtigen Anbau. Wenn du dich mit Pflanzenfamilien – ähnlich wie wir – nicht immer sattelfest fühlst, kommt hier nochmal eine Gedankenstütze:

- Kreuzblütler sind alle Kohlarten (auch Kohlrabi, Brokkoli oder Blumenkohl!), Radieschen und Rettiche.
- Zu den Doldenblütlern zählen Karotten, Sellerie, Fenchel, Petersilie und Dill.
- Als Korbblütler gelten diverse Salate, Endivien und Chicorée.
- Schmetterlingsblütler sind Erbsen und Bohnen.
- Spinat, Mangold, Rote Bete und Quinoa gehören zu den Fuchsschwanzgewächsen.
- Tomaten, Auberginen und Kartoffeln zählen zu der Familie der Nachtschattengewächse.
- Kürbisgewächse sind – du ahnst es – Kürbisse. Zu den Kürbisgewächsen zählen auch Zucchini, Gurken und Melonen.

BEETPLANUNG DURCHS GARTENJAHR

Ein Beet zu planen ist in etwa so, wie ein richtig gutes Gericht auf den Tisch zu zaubern. Du brauchst einen tollen Hauptgang, in „Beetsprache" auch „Hauptkultur" genannt. Die Zeit, bis die Hauptkultur fertig (= reif und auf dem Teller) ist, kannst du mit einer Vorspeise, also einer Vorkultur, überbrücken. Und wenn's dann noch etwas sein darf, trumpfst du mit dem Nachtisch – der Nachkultur – auf. Wie beim Kochen gilt auch hier: Taste dich behutsam heran. Im Karotten-Level beschränken wir unsere Vorschläge deshalb auf zwei Kulturen pro Beetplan.

Hochbeete mit und ohne Frühbeetaufsatz

ANZUCHT AUF DER FENSTERBANK: ALLES, WAS DU WISSEN MUSST

Einer DER Hacks in Sachen Gärtnern? Du kannst deinen Pflanzen einen entscheidenden Vorteil verschaffen, indem du sie nicht direkt ins Freiland säst, sondern sie im Haus oder in der Wohnung vorziehst. Gerade wärmeliebende Pflänzchen wie Tomaten, Kürbisse und Zucchini profitieren von der Anzucht auf der Fensterbank. Du hast Fragen rund um das Vorziehen? Wir haben die Antworten!

WIE FUNKTIONIERT DIE ANZUCHT?

Bei der Anzucht auf der Fensterbank gehst du in etwa so vor wie bei der Aussaat im Beet. Du brauchst Erde, am besten in sogenannten Anzuchttöpfen. Dazu Saatgut und etwas Wasser, und los geht's! Fülle deine Töpfe mit Erde und säe Gemüse und Kräuter darin aus. Sanft andrücken und mit etwas Erde bedecken, gießen, fertig!

WELCHE AUSSAATERDE BRAUCHE ICH?

Die Erde, in der du deine Anzucht aussäst, sollte nicht zu lehmig sein und nicht zu viele Nährstoffe enthalten: Denn deine Pflänzchen sollen vor allem richtig gute Wurzeln bilden. Du kannst Aussaaterde ganz einfach selbst mischen: ein Drittel Gartenerde, ein Drittel Kompost und ein Drittel Sand. Um Befall mit Trauermücken oder ähnlichen Schädlingen vorzubeugen, kannst du deine Erde „backen". Gib sie für 45 Minuten bei 120 Grad auf einem alten Backblech in den Backofen, lass sie abkühlen und lege dann mit der Aussaat los!

WANN IST DER RICHTIGE ZEITPUNKT FÜR DIE ANZUCHT?

Willst du Chilis oder Paprika anbauen, dann solltest du im Januar mit der Anzucht beginnen. Ab Ende Februar kannst du Auberginen sowie diverse Kohlsorten wie Blumenkohl oder Brokkoli aussäen. Tomaten wachsen schnell – das Saatgut dafür muss erst Mitte März in die Erde.

WIE GIESSE ICH MEINE ANZUCHT RICHTIG?

Du ahnst es schon: Deine Fensterbank-Pflanzen brauchen keine Gießkannen-Güsse voller Wasser, sondern eher hin und wieder eine sanfte Dusche. Am besten eignet sich zimmerwarmes Wasser aus einer Ballbrause dafür. Du kannst dir schnell und einfach eine Anzucht-Brause selbst basteln: Nutze dafür einfach eine Plastikflasche mit Deckel. In diesen bohrst du mit einer Nadel oder einem anderen spitzen Gegenstand mehrere Löcher. Fülle die Flasche mit Wasser und schraube den Deckel zu – fertig ist deine Minigießkanne mit Brausen-Funktion! Deine Anzucht sollte immer leicht feucht, aber nicht nass sein.

WAS IST DER PERFEKTE STANDORT FÜR DIE ANZUCHT?

Deine Fensterbank-Pflänzchen brauchen viel Licht und konstante Temperaturen, um richtig gut zu gedeihen. Stelle deine Töpfchen am besten an ein Südostfenster und so, dass sie weder Zugluft noch Heizungshitze abbekommen. Du kannst auch mit einer speziellen Anzuchtlampe nachhelfen.

WIE HALTE ICH MEINE PFLANZEN AUSEINANDER?

Vergiss nicht, deine Aussaat zu beschriften. Sonst verlierst du schnell den Überblick. Du kannst das einfach mit Zettelchen oder einer Beschriftung direkt auf den Töpfen lösen. Oder aber, du nutzt kleine Hölzchen und kennzeichnest so deine Aussaat. Eisstiele zum Beispiel – die gibt es auch im Bastelbedarf.

Kohlrabi weiß
sehr früh

MEINE PFLANZEN SIND ZU GROSS FÜR DIE TÖPFCHEN – WAS NUN?

Nach etwa vier Wochen kommt der Punkt, an dem deine Pflanzen ihren ersten Anzuchttöpfchen entwachsen. Dann ist Zeit, sie zu pikieren oder auch zu vereinzeln. Dazu löst du die Pflanzen vorsichtig aus dem Topf und entwirrst sie, damit du statt einer ganzen Gruppe nur noch einzelne Pflänzchen hast. Suche dir hier die kräftigsten Exemplare aus und setze diese in reguläre Blumentöpfe. Ein Pikierstab leistet dir hier beste Dienste.

VON DER FENSTERBANK AB INS BEET: WIE GEHT'S?

Nach den Eisheiligen Mitte Mai heißt es für Tomaten, Zucchini & Co: „Ab ins Beet!". Bevor du deine Pflanzen umsiedelst, solltest du sie sanft an das Leben draußen gewöhnen. Das bedeutet, dass du dein Fensterbank-Grün stundenweise auf den Balkon oder vor die Tür stellen solltest. Auf diese Weise können sie sich an Sonne, Wind und andere Wettereinflüsse gewöhnen. Setzt du sie von einem Tag auf den anderen nach draußen, kann es sein, dass sie Sonnenbrand bekommen oder im Beet absterben.

SIEBEN IDEEN FÜR ANZUCHTTÖPFCHEN

Herkömmliche Blumentöpfe sind nicht ideal für deine Anzucht auf der Fensterbank, weil sie meist viel Platz wegnehmen und du viel Erde brauchst, um sie zu füllen. Wir stellen dir sieben verschiedene Anzuchttöpfe vor:

ERDBALLEN SELBST PRESSEN

Anzucht like a Pro! Mit einer Erdballenpresse kannst du dir deine Anzuchttöpfchen ohne Hülle selbst herstellen. So ähnlich verfahren auch Gärtner*innen bei der Aussaat ihrer Jungpflanzen. Erdballenpressen sind kleine Wundergeräte, die du in verschiedenen Größen im Fachhandel findest.
Vorteile: Du hast keinen Müll und die Ballen kannst du sehr einfach ins Beet setzen.
Nachteile: Eine gute Erdballenpresse kostet etwa 50 Euro. Für das Handling brauchst du etwas Übung.

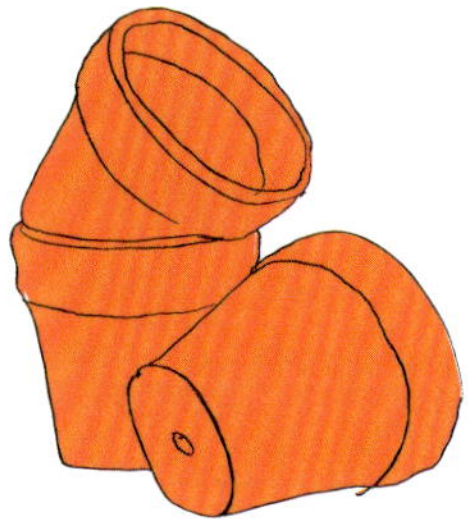

QUELLTÖPFCHEN AUS KOKOS

Sofort perfekte Aussaatbedingungen schaffen Quelltöpfe aus Kokos. Diese kannst du platzsparend in Tablettenform bestellen und zu dir nach Hause liefern lassen. Du musst die Tabletten nur noch mit Wasser aufgießen, quellen lassen, ready for Aussaat!
Vorteile: Die Tabletten sind sehr platzsparend und sind sehr gut für das Wurzelwachstum.
Nachteile: Die Quelltöpfe sind manchmal recht teuer.

MINI-TERRAKOTTA-TÖPFCHEN

Stilvoll gelingt dir die Aussaat in kleinen Terrakotta-Töpfen. Die sehen nicht nur hübsch aus, sondern sind auch echt langlebig und nachhaltig. Nach Gebrauch stapelst du die Töpfe auf und bewahrst sie in der Werkstatt oder im Keller bis zum nächsten Einsatz auf.
Vorteile: Du sparst Plastik – und die Töpfe sehen hübsch aus.
Nachteile: Die Töpfe trocknen schnell aus und sind teuer.

Hilfsfonds für

ZEITUNGSPAPIER

Du hast eine Tages- oder Wochenzeitung im Abo? Super, denn die kannst du nach dem Lesen direkt als Anzucht-Töpfchen zweitverwerten. Einfach mithilfe einer Papiertopf-Presse in Form rollen, mit Erde füllen und fertig. Die Papiertopf-Presse gibt es im Fachhandel, sie sieht aus wie ein Stempel aus Holz und gibt die richtige Form vor.

Vorteile: Du hast das Material zu Hause und zahlst nichts extra dafür.

Nachteile: Du musst das Papier erst einmal selbst in Form bringen. Die Röllchen sind allerdings anfällig für Schimmel.

ANZUCHTPLATTEN

Gerade für eine große Anzahl von Pflanzen lohnen sich Anzuchtplatten aus dem Gartenbedarf. Es gibt auch Exemplare, die direkt als Wurzeltrainer fungieren – diese haben tiefe und schmale Bereiche, in denen die Pflanzenwurzeln so tief wie möglich wachsen.

Vorteile: handliche Platten, die für Tipptopp-Wurzeln sorgen

Nachteile: Die Platten sind relativ teuer in der Anschaffung.

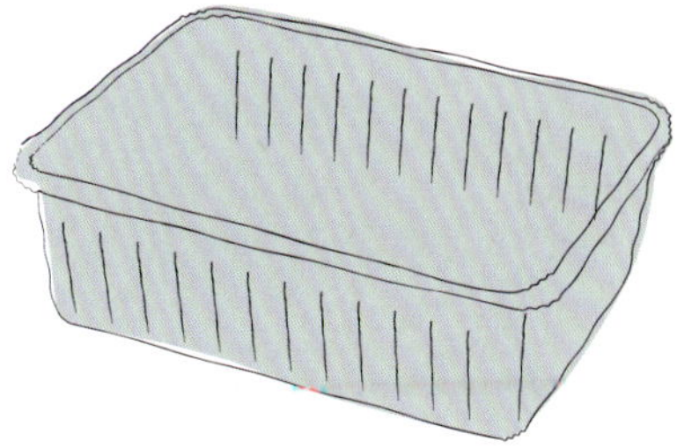

OBST- ODER SUSHI-SCHALEN

Die günstige Alternative zu Anzuchtplatten sind flache Schalen – etwa solche, in denen Sushi geliefert wird oder in denen du Heidelbeeren, Himbeeren oder anderes Obst kaufen kannst.

Vorteile: Die Schalen sind leicht und du bekommst sie quasi kostenlos.

Nachteile: Solche Schalen halten meist nur eine Saison lang, dann ist das Plastik spröde.

EIERPAPPEN

Du hast Eierkartons herumstehen? Wunderbar! Einfach mit Erde füllen und darin aussäen – du hast Platz für sechs oder zehn Aussaaten.

Vorteile: Wenn du Eier isst, hast du die Kartons meist im Haus.

Nachteile: Stehen die Pappen zu dicht, schimmeln sie leicht.

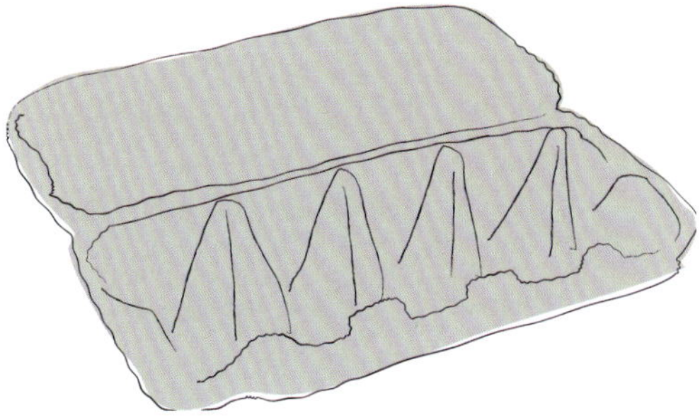

DIY: OLLAS FÜR DIE BEET-BEWÄSSERUNG

Du willst im Sommer mal wegfahren und nicht direkt einen Gießdienst anheuern? Dann eignen sich Ollas (sprich: Ojas) hervorragend, um die Zeit zwischen deinen Gieß-Sessions zu verlängern. Das Prinzip funktioniert so: Ollas sind Tontöpfe, die in der Erde vergraben werden. Wenn du sie mit Wasser befüllst, geben sie dieses über einen Zeitraum hinweg dank ihrer porösen Tonwand langsam an die Erde ab – und damit an die Wurzeln der Pflanzen, die im Beet stehen. Unsere Palettenrahmen-Hochbeete sind jeweils mit einer Olla ausgestattet. Wenn es nicht regnet, reicht eine Füllung eine Woche lang. Es gibt sehr schöne getöpferte Versionen der Ollas. Oder aber, du baust dir die Garten-Helferlein selbst!

WAS DU BRAUCHST:

- 2 gleich große Blumentöpfe aus Ton (unlackiert, 15 oder 17 cm Durchmesser)
- eine große Tonscherbe
- Montagekleber (am besten einen umweltverträglichen) inkl. Kartusche
- Gießkanne und ggf. Trichter zum Einfüllen des Wassers
- Spachtel oder ein Stück Pappe zum Verstreichen von Kleberesten

SO GEHT'S:

1. Stelle einen Topf aufrecht hin. Verschließe das Loch am Boden mithilfe des Klebers und einer Scherbe.

2. Trage Kleber am oberen Rand des stehenden Topfes auf und stürze den zweiten Topf darauf, sodass ein geschlossenes Gefäß entsteht. Nimm überschüssigen Kleber ab, wenn nötig. Lasse das Ganze gemäß der Anleitung auf dem Klebstoff trocken.

3. Setze die Olla so ins Beet, dass der obere Teil mit Loch etwa eine halbe Hand breit aus der Erde ragt. Nun mit Wasser befüllen – fertig! Mit einem Stein, einem Stock oder einer Scherbe kannst du die Olla verschließen, damit sich kein Tier hineinverirrt.

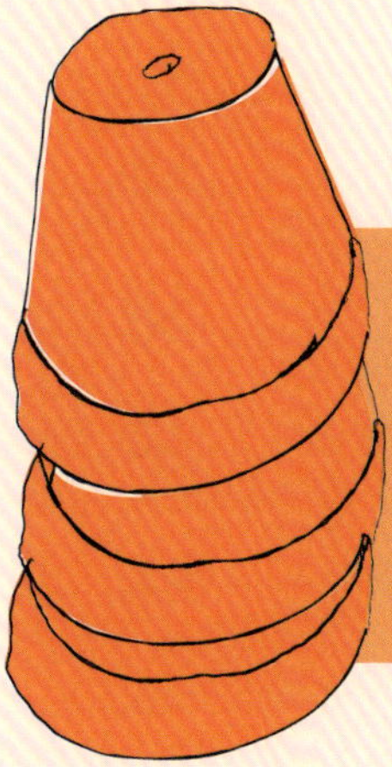

ACHTUNG, FROST!

Terrakotta kann bei Temperaturen unter 0 °C springen. Nimm die Ollas deshalb im Herbst aus deinem Hochbeet und lagere sie frostfest, zum Beispiel im Keller.

WAS DU IM KAROTTEN-LEVEL ANBAUEN KANNST

Perfekt vorbereitet kann für dich das Karotten-Level starten: Hier kommen drei Beetpläne mit jeweils zwei Bepflanzungen, entweder einer Vorkultur plus Hauptkultur oder einer Hauptkultur plus Nachkultur. Bereit? Let's play!

BEETPLAN #1: FRISCH & FRUCHTIG

Eines unserer absoluten Lieblingsrezepte im Hochsommer: Ein Salat aus Feta, Gurke und Wassermelone, angemacht mit Minze und anderen frischen Kräutern aus dem Garten. Die gute Nachricht? Die Zutaten für die fruchtige Frische kannst du dir direkt ins Beet pflanzen, mit diversen Kräutern und Pflanzen, die du gemeinsam im Mai in dein Hochbeet setzt.

GURKEN

Salatgurken enthalten sehr viel Wasser und sind herrlich erfrischend. Um Gurken in deinem Hochbeet anzubauen, solltest du ihnen eine Kletterhilfe anbieten. Und: Immer gut gießen, sonst werden die Früchte bitter.

MELONEN

Wusstest du, dass Wassermelonen wunderbar auch in unseren Gefilden wachsen? Sorten wie *Sugar Baby* oder *Crimson Sweet* gelingen dir selbst in nördlichen Gegenden Deutschlands. Wichtig: Die Pflanzen mögen es warm. Wähle deshalb den sonnigsten Standort für sie aus.

SÜSSKARTOFFELN

Die Knollen aus Süd- und Mittelamerika pflanzt du ähnlich wie herkömmliche Kartoffeln: einfach rein ins Beet mit der kompletten Knolle. Geerntet wird, wenn das Laub abstirbt. Du kannst die Pflanzen danach auch im Haus oder in der Wohnung überwintern. Dafür setzt du eine Knolle in einen Blumentopf ein, stellst diesen auf ein Fensterbrett und lässt sie wachsen.

MINZEN

Von kräftig-minzig bis fruchtig-mild: Die große Familie der Minzen bietet dir unterschiedlichste Gaumenfreuden für den Teller oder das Trinkglas. Ganz klassisch schmecken Pfefferminze oder Grüne Minze, etwas milder im Geschmack sind dagegen Marokkanische Minze oder auch Mojito-Minze. Richtig fruchtig wird es mit Sorten wie Ananasminze, Erdbeerminze oder Schokominze.

AGASTACHEN

Die Duftnesseln sind mit ihren farbenfrohen, kerzenförmigen Blütenständen ein richtiger Hingucker im Hochbeet. Sowohl Blätter als auch Blüten sind essbar – du kannst sie als Würzpflanze in Süßspeisen und Soßen verwenden, oder aber als Begleiter in einem Kräutertee. Agastachen stammen aus China und Korea beziehungsweise Nordamerika. Sie mögen es sonnig und trocken.

ZITRONENVERBENE

Eine unserer liebsten Zutaten in unseren selbst gemachten Kräutertees: Zitronenverbene. Das Kraut stammt aus Südamerika – inzwischen ist es auch in Europa verbreitet. In Frankreich kannst du es als „Verveine"-Tee kaufen.

Achtung: Die zitronige Verbene ist nur bedingt winterhart. Willst du mehrere Jahre lang Freude daran haben, solltest du die Pflanzen im Winter ins Haus holen.

BEETPLAN #2: FUTTERN WIE BEI GROSSMUTTERN

Klar, Bowls und Burger sind oberlecker – aber wenn du mal genauer in dich hineinhörst, wird dein Soulfood vermutlich etwas anderes sein, oder? Unser Wohlfühlgericht Nummer eins sind Pellkartoffeln, ein gedämpfter Möhren-Erbsen-Mix und Rührei – ein richtiges Essen „wie früher". Hast du Lust auf eine Zeitreise in die Küche unserer Omas? Dann pflanze diese Gemüse in deinem Hochbeet:

INS BEET AB MÄRZ

PIMPINELLE

Pimpinelle oder auch Wiesenknopf ist mehr als eine sehr hübsch blühende Pflanze. Früher wurde sie als Futterpflanze angebaut und als Geschmacksverstärker beim Bierbrauen genutzt. Du kannst mit den zarten Blättchen Salate würzen. Sie gehören in die klassische Frankfurter Soße. Die Staude bleibt das ganze Jahr über im Beet stehen.

GUTER HEINRICH

Guter was?! Das Gänsefuß-Gewächs war der Spinat des Mittelalters – und wurde im 17. Jahrhundert endgültig aus unserem Speiseplan verdrängt, als der „echte" Spinat in Mode kam. Wenn du ihn gut pflegst, wird der Gute Heinrich dauerhaft bei dir im Beet bleiben.

STIELMUS

Im Rheinland und in den Niederlanden kennt man Stielmus oder auch Rübstiel schon lange. Ursprünglich bezeichnete man so das Grün von diversen Rübchen. Heute bekommst du im Handel nur noch die Stielmus-Sorte *Namenia*.

MAIRÜBCHEN

Mairübchen oder auch Navetten wurden schon zu Zeiten der alten Römer in der Küche verwendet. Sie schmecken ähnlich wie Kohlrabi, sind aber sehr viel milder. Die Saison der Mairübchen ist ziemlich kurz – ernten kannst du sie im Mai, manchmal auch bis Anfang Juni.

URMÖHREN

Hättest du es gewusst? Die orangefarbenen Möhren, wie wir sie kennen, gibt es erst seit dem 18. Jahrhundert. 1721 wurden sie das erste Mal schriftlich erwähnt – von Züchtern aus den Niederlanden. Die eher violetten Urmöhren, wie du sie heute bekommst, sind Rückzüchtungen, wenn du so willst. Sie schmecken etwas intensiver als ihre hellen Verwandten und färben Hände und Essen lila.

MEERRETTICH

Seit dem Mittelalter kennt man Meerrettich oder auch Kren als Würz- und Gemüsepflanze. Die Pflanze ist ausdauernd – du musst sie also nur einmal ins Beet setzen und dann wächst sie und wächst und wächst. Das Besondere: Meerrettich lässt sich nicht über Samen vermehren. Du pflanzt die Seitenwurzeln, auch Fechser genannt, ins Beet.

INS BEET AB MAI

ZUCKERSCHOTEN

Die süßen Erbsen kamen im 16. und 17. Jahrhundert in Adelskreisen in Mode. Was sie bei uns so beliebt macht: Du kannst sie mehrfach ernten und sie schmecken einfach superlecker.

ROMANASALAT

Wusstest du, dass Romanasalat – auch Römerherzen genannt – zu den alten Salatsorten gehört? Wir lieben den Salat, weil er schön klein und knackig bleibt und lecker nussig schmeckt. Unser liebster Vertreter des Romanasalats ist die Sorte *Forellenschluss*, weil sie einfach hübsch aussieht!

BEETPLAN #3: EINMAL MEDITERRAN „MIT ALLES BITTE“

Du liebst mediterrane Küche? Na bitte, wir nämlich auch! Hier findest du einen Beetplan für Gerichte wie die allerbeste Tomatensoße, eine mediterrane Gemüsepfanne oder gefüllte Paprika.

Um ab Mai Grünes und Buntes in deinem Beet zu sehen, hast du zwei Möglichkeiten:
1. Du kaufst im Mai Saatgut und Jungpflanzen im (Bio-)Gartencenter oder einer Gärtnerei deines Vertrauens.
2. Du startest schon im Januar oder März und ziehst dein Gemüse selbst vor.

Bei beiden Varianten gilt: Wenn ein Gemüse abgeerntet ist, kompostierst du die Reste der Pflanze. Dann säst du neues Grün ein oder setzt eine Pflanze in die entstandene Lücke.

INS BEET AB MAI

PAPRIKA

Paprika brauchen etwas Zeit, um in die Gänge zu kommen, weshalb du sie schon ab Januar auf der Fensterbank vorziehen solltest. Sorten wie *Davos* und *Nagano* eignen sich hervorragend für den Freiland-Anbau.

TOMATEN

Seitdem wir eigene Tomaten anbauen, kaufen wir keine mehr – es sei denn, wir sind in südlicheren Gefilden auf einem Markt unterwegs. Unsere selbst gezogenen Tomaten schmecken einfach zu gut. Freilandsorten wie *Rote Murmel* und *Ruthje* gelingen dir selbst in Norddeutschland ohne Dach.

BASILIKUM

Tomaten und Basilikum gehören unbedingt zusammen, oder? Die Traumkombi auf dem Teller wächst auch gern gemeinsam im Beet. Du kannst Basilikum aus Saatgut ziehen. Einfacher ist es aber, du kaufst eine Pflanze im Töpfchen und vereinzelst diese. Ein Tipp für die Ernte: Immer nur Blattpaare abschneiden oder pflücken, dann wächst der Rest der Pflanze nach.

PETERSILIE

Auch Petersilie eignet sich toll als Begleiter von Tomaten – sowohl in der Erde als auch in der Küche. Eins unserer liebsten Rezepte im Hochsommer: Tomatensalat mit (glatter) Petersilie. Dazu 500 g Tomaten mit einer Zwiebel und einer Handvoll Petersilie klein schneiden, vermischen und mit Essig, Öl, Salz und Pfeffer abschmecken.

BUSCHBOHNEN

Wir lieben Bohnen in verschiedensten Formen: als warme Beilage oder gekocht und abgekühlt als Salat oder in Form von Paste oder Aufstrichen. Im Beet vertragen sich Buschbohnen wie *Borlotto* oder *Golden* bzw. *Purple Teepee* bestens mit Tomaten.

BOHNENKRAUT

Bohnenkraut würzt nicht nur alle Gerichte mit Bohnen hervorragend, sondern hält auch die Bohnenlaus fern. Ein idealer Beet-Buddy also! Das Gewürz kaufst du am besten als Pflanze im Gartencenter oder auf dem Markt.

INS BEET AB AUGUST

KNOBLAUCH

Um optimal zu reifen, braucht Knoblauch einen Winter. Du steckst ihn am besten im Spätsommer oder Anfang Herbst ins Hochbeet. Wie bei Kartoffeln auch solltest du nicht unbedingt auf die Ware aus dem Supermarkt setzen, sondern lieber Pflanz-Knoblauch kaufen.

RADICCHIO

Das Herbst- und Wintergemüse ist supergesund und sieht dank seiner dunklen Färbung im Beet wie auch auf dem Teller hübsch aus. Du kannst Radicchio theoretisch ab Juli ins Beet säen. Sorten wie *Variegata di Lusia* oder *Rossa die Treviso* erntest du im Spätherbst, Sorten wie *Rossa di Verona a palla* überstehen auch Fröste und versorgen dich bis ins Frühjahr hinein mit Frische und Vitaminen auf dem Teller.

SPINAT

Spinat kannst du fast rund ums Jahr aussäen und auch ernten. Die erste Rutsche säen wir im Februar aus, die zweite im April. Im August und September kannst du noch eine dritte Aussaat wagen. Ideal, um dein mediterranes Beet weiterhin zu nutzen. Die Sorten *Matador* oder *Mazurka* vertragen leichte Fröste.

Dschungelfeeling im Hochbeet

Freiland-Tomaten gedeihen auch ohne Dach.

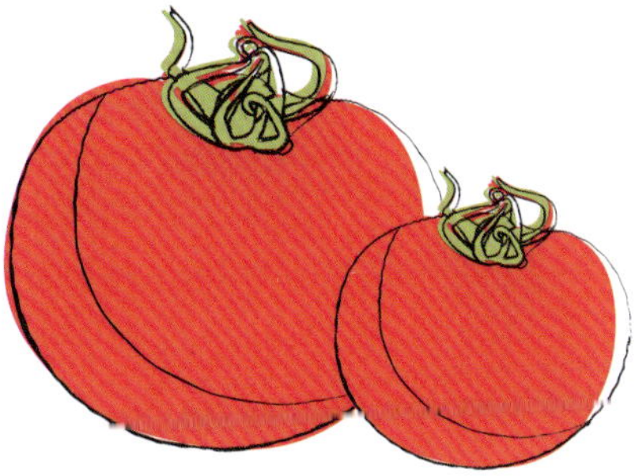

KAPITEL 5: DAS TOMATEN-LEVEL

Du hast erfolgreich deine Hochbeet-Feuerprobe bestanden? Dann bist du bestens gewappnet für den schwierigsten Gegner in Sachen Gemüse- und Obstanbau – Gärtnern rund ums Jahr! Willkommen im Tomaten-Level. Auf den nächsten Seiten lernst du, wie du auch in kühleren Perioden gärtnerst – und den Winter im Garten überstehst.

GÄRTNERN RUND UMS JAHR – WIE GEHT DAS EIGENTLICH?

Ganz klassisch beginnt die Hochbeetsaison im März und reicht bis in den Oktober hinein – je nachdem, was du ins Beet setzt und wie das Wetter mitspielt. Tatsächlich kannst du auch in der „Off-Season", also der kalten Jahreszeit, dein Beet wunderbar bewirtschaften. Hier findest du sieben Tipps, um dein Hochbeet-Game rund ums Jahr zu spielen!

1. STARTE FRÜH GENUG

Wintergemüse erntest du zwar im Winter – du musst nur früh genug daran denken, es auszusäen: Gemüse wie Grünkohl oder Pak Choi sollten im Juli oder August in die Erde kommen. So haben die Pflanzen eine faire Chance, rechtzeitig groß genug zu werden, damit sie auch kältere Perioden überstehen können.

2. GIESSE – ABER NICHT ZU VIEL

Wenn es im Herbst und Winter knackig kalt und trocken ist, solltest du hin und wieder dein Hochbeet gießen. Bei Temperaturen unter null Grad solltest du auf das Gießen verzichten.

3. DENKE AN KÄLTESCHUTZ

Wenn es für uns endlich „Sweater Weather" heißt, und wir unsere Pullis aus dem Schrank holen, ist es allerhöchste Zeit, es deinem Gemüse ebenfalls schön muckelig zu machen. Du kannst die Pflanzen entweder mit einer Laubschicht oder Miscanthus mulchen. Häufele das Material rund um die Pflanzen an. So wachsen Karotten & Co. auch bei kühleren Temperaturen. Bei leichten Frösten kannst du auch ein Gartenvlies über dein Beet decken.

4. FÜLLE LÜCKEN AUF

Damit den Pflanzen nicht kühl wird, solltest du Lücken füllen. Solange es frostfrei ist, kannst du schnell wachsende Salate wie Rucola oder Kresse nachsäen. Auch Gründüngung wie Phacelia oder Ackersenf kannst du noch wachsen lassen. So bleibt die Erde bedeckt und du kannst fleißig weiterernten.

5. WAS TUN, WENN ES SCHNEIT UND FRIERT?

Die meisten Pflanzen vertragen etwas Schnee. Wenn Frau Holle aber länger als nur einen Tag ihr Bett über deinem Beet ausschüttelt und die Blätter der Pflanzen komplett mit Schnee bedeckt sind, solltest du einschreiten und einmal durchs Beet fegen, damit die Pflanzen keinen Frostschaden davontragen.

6. ERNTE AN SONNIGEN TAGEN

An trüben, dunklen Tagen reichern Pflanzen in sich mehr Nitrat an. Warte mit der Ernte lieber bis zu einem sonnigen Tag, weil dann der Nitratgehalt wieder niedriger ist. Falls Gemüse und Salate bei Frost die Blätter hängen lassen, solltest du sie nicht ernten, da du sonst die Pflanzen verletzen kannst.

7. BEREITE DIE BEETE FRÜHZEITIG VOR

Nach der Gartensaison ist vor der Gartensaison. Unsere Hochbeete sind nie leer, es steht eigentlich immer etwas darin. Bevor wir die Frühjahrsaussaat starten, sorgen wir dafür, dass die Erde wieder ordentlich Nährstoffe hat. Du kannst dafür entweder mit Gründüngung arbeiten oder die Erde mit Beinwelljauche, Wurmkompost oder Bokashi-Tee aufwerten.

DIY: FRÜHBEETAUFSATZ BAUEN

Um dein Hochbeet optimal durch den Winter zu bringen, ist ein Frühbeetaufsatz ideal. Wir haben beim Bau unserer Hochbeete direkt den Frühbeetaufsatz mit gebaut. Die Basis hierfür bilden die Hochbeete wie in der Anleitung auf Seiten 15 ff beschrieben. Aber Achtung, damit wir ein schräges Dach montieren können, haben wir eine Seite höher gezogen, auf etwa 115 cm. Du musst also drei der senkrecht stehenden Pfosten 30 cm länger machen als die anderen und benötigst zwei Bretter (Glattkantbretter aus Douglasie oder Lärche, 300 cm x 14,4 cm x 2,7 cm) mehr.

ZUSÄTZLICH BRAUCHST DU NOCH FOLGENDES MATERIAL FÜR DEN AUFSATZ:

- 3 Kanthölzer 200 cm x 5,8 cm x 3,8 cm
- 12 Holzschrauben 6 x 120 mm
- 1 Hohlkammerplatte 200 cm x 98 cm x 6 mm (die Luftkammern isolieren gut)
- Spenglerschrauben in 35 mm
- 3 Scharniere 63 x 63 mm (Mit ausziehbarem Stift, dann kannst du später den Aufsatz vom Beet abnehmen, wenn du ihn nicht mehr benötigst.)
- transparentes Silikon

An Werkzeugen legst du alles zurecht, was du auch für den Bau deines Hochbeets eingesetzt hast, plus: eine Stichsäge und ein Sägeblatt für PVC.

1. Baue dein Hochbeet wie in der Anleitung, aber ACHTUNG: Eine Seite ist höher als die andere und die kurzen Seiten werden schräg.

2. Für die schräge Wand nimmst du zwei kurze Bretter. Du zeichnest eine Schräge wie in der Skizze an und sägst nun alles zurecht. Du erhältst nun zwei Ecken und zwei Bretter mit einer Spitze.

3. Verschraube alle Bretter mit den Kanthölzern. Die schrägen Bretter verschraubst du an der einen Seite direkt mit dem Kantholz und an der anderen Seite direkt durch die Schnittstelle miteinander.

4. Für den eigentlichen Frühbeetaufsatz misst du nun die Kanthölzer ab (2 x 194 cm, 2 x 90 cm und 1 x 79 cm) und sägst diese zurecht.

5. Bohre die Bretter (90 cm) an beiden Enden vor.

6. Verschraube nun die Kanthölzer, sodass du einen rechtwinkligen Rahmen erhältst. Das dritte Kantholz wird in der Mitte montiert.

7. Miss die Hohlkammerplatte ab und säge sie mit der Stichsäge auf 93 cm zu. Nimm am besten eins der Kanthölzer und nutze dies als Führungsschiene.

8. Ziehe nun die Schutzfolie der Platte ab und lege sie auf den Rahmen. Positioniere sie so, dass sie bündig mit der Seite abschließt. Auf der anderen Seite muss ein Überstand von ca. 3 cm entstehen. Schraube nun die Hohlkammerplatte ringsum fest.

9. Jetzt verschließt du noch die offenen Seiten der Doppelstegplatte mit Silikon, damit sich kein Dreck oder Feuchtigkeit darin sammelt.

10. Setze nun deinen Frühbeetaufsatz auf dein Hochbeet und befestige ihn mit den drei Scharnieren. Achte darauf, dass der Überstand nach unten zeigt. So kann Regenwasser abfließen.

GNSN – GUTE NACHBARN, SCHLECHTE NACHBARN

Wenn du im Tomaten-Level gärtnerst, wirst du merken: Es wird auch mal Lücken im Beet geben. Um diese zu füllen, bietet es sich an, nach dem Prinzip der Mischkultur zu gärtnern. Dabei säst und pflanzt du ganz gezielt Gemüse, Kräuter und mehr, die sich gut ergänzen. Drei gute Gründe, die dafürsprechen:

Mischkultur auf engstem Raum

Du hast nur wenig Platz? Dann hast du zwei Möglichkeiten, die Mischkultur gut umzusetzen:

1. Du entscheidest dich für ein Gemüse, das du unbedingt anbauen willst und suchst nur gute Nachbarn drumherum aus.
2. Du säst das Gemüse und die Kräuter, die sich nicht grün sind, einfach an die Ränder deines Beetes.

1. DU SORGST FÜR VIELFALT

Eine wichtige Regel für insektenfreundliches Gärtnern: Je bunter deine Beete sind, desto besser sind sie für die Umwelt – und damit für uns alle! Hältst du dich an die Vorgaben der Mischkultur, hast du es schön abwechslungsreich im Beet. Bienen, Schmetterlinge & Co. werden es lieben.

2. DIE PFLANZEN STÜTZEN UND SCHÜTZEN SICH GEGENSEITIG

Die Idee hinter der Mischkultur sagt, dass Pflanzen gruppiert werden sollen, deren Eigenschaften sich ergänzen. Das Milpa-Beet ist dafür ein wunderbares Beispiel: Hier wachsen Mais, Bohnen und Kürbisse gemeinsam. Der Mais stützt die rankenden Bohnen. Der Kürbis beschattet mit seinen großen Blättern den Boden. Die Bohnen wiederum reichern die Erde mit Stickstoff an – den Kürbis und Mais nur zu gern verwerten!

3. DU LOCKST NÜTZLINGE AN UND WEHRST STÖRENFRIEDE AB

Setze auf Kräuter als Begleiter deiner Pflanzen! Die Blüten von Thymian und Lavendel etwa locken Hummeln und andere nützliche Bestäuber an. Und die ätherischen Öle, die viele Kräuter enthalten, vertreiben ungebetene Gäste. Bohnenkraut etwa wehrt die Bohnenlaus ab, mit Rosmarin lässt sich der Kohlweißling vertreiben. Und Basilikum sorgt dafür, dass Mehltau fernbleibt.

GUTE UND SCHLECHTE NACHBARN IM ÜBERBLICK

	GUTE NACHBARN
BOHNEN	Bohnenkraut, Erdbeeren, Gurken, Sellerie, Rote Bete, Kohlarten, Kopfsalat
BROKKOLI UND BLUMENKOHL	Aubergine, Erbsen, Kartoffeln, Sellerie
ERBSEN	Dill, Fenchel, Gurken, Kohlarten, Kohlrabi, Mais, Möhren, Kopfsalat, Radieschen, Zucchini
ERDBEEREN	Knoblauch, Lauch, Zwiebeln, Tomaten, Kartoffeln, Bohnen
GURKEN	Bohnen, Dill, Erbsen, Fenchel, Kohl, Kopfsalat, Kümmel, Lauch, Rote Bete, Sellerie, Zwiebeln
KAROTTEN	Lauch, Knoblauch, Tomaten, Radieschen, Rettich, Schnittlauch, Dill, Erbsen
KARTOFFELN	Dicke Bohnen, Kohlarten, Kohlrabi, Kümmel, Mais, Spinat
KOHL UND KOHLRABI	Kopfsalat, Tomaten, Spinat, Sellerie, Bohnen, Dill, Erbsen, Kartoffeln
KOPFSALAT	Bohnen, Dill, Erbsen, Erdbeeren, Gurken, Möhren, Tomaten, Kohl, Lauch, Zwiebeln
KÜRBISSE	Lauch, Zwiebeln, Rettich, Kopfsalat, Möhren, Petersilie, Radieschen, Rote Bete, Sellerie, Spinat, Stangenbohnen
MANGOLD	Buschbohnen, Kohl, Möhren, Radieschen, Rettich
PFLÜCKSALATE	Auberginen, Bohnen, Dill, Fenchel, Radieschen, Rote Bete, Spinat
RADIESCHEN UND RETTICHE	Kopfsalat, Möhren, Kohl, Erbsen, Bohnen
ROTE BETE	Buschbohnen, Bohnenkraut, Dill, Gurken, Knoblauch, Kohl, Kopf- und Pflücksalat, Mangold, Zwiebeln
SPINAT	Auberginen, Bohnen, Erbsen, Erdbeeren, Gurken, Kartoffeln, Kohl, Kohlrabi, Radieschen, Kopfsalat, Pflücksalat, Mais
TOMATEN	Knoblauch, Kohl, Kohlrabi, Petersilie
ZUCCHINI	Lauch, Zwiebeln, Rettich, Kopfsalat, Möhren, Petersilie, Radieschen, Rote Bete, Sellerie, Spinat, Stangenbohnen
ZWIEBELN	Erdbeeren, Bohnenkraut, Dill, Kopfsalat, Rote Bete

SCHLECHTE NACHBARN

Lauch, Zwiebeln, Knoblauch, Erbsen, Fenchel

andere Kohlarten

Knoblauch, Lauch, Zwiebeln, Tomaten, Kartoffeln, Bohnen

Kohlarten

Kartoffeln, Radieschen, Rettich, Tomaten

keine

Tomaten, Auberginen, Paprika, Kürbis, Sellerie, Sonnenblumen

Zwiebeln, Knoblauch, Erdbeeren, Senf – Achtung, auch bei Gründüngung!

Petersilie, Sellerie

Zucchini. Wenn die Früchte bitter schmecken, bitte direkt entsorgen!

Spinat

Kartoffeln

Gurken

Spinat, Kartoffeln, Lauch, Möhren

Mangold, Rote Bete

Erbsen, Fenchel, Kartoffeln

Kürbisse

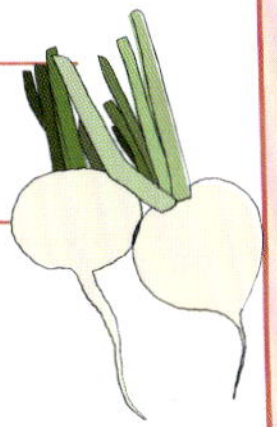

Bohnen, Erbsen, Kohl

WAS DU IM TOMATEN-LEVEL WACHSEN LASSEN KANNST

Jetzt bist du aber sowas von bereit für das Tomaten-Level, oder? Hier findest du drei Beetpläne fürs Gärtnern rund ums Jahr. Let's play!

BEETPLAN #1: SÜSS-BERT-BEET

Unser Sohn, den wir auch den „Kleingärtner" nennen, liebt das Gärtnern – vom Aussäen über das Gießen bis hin zum Ernten. In diesem Beet haben wir alles versammelt, was er besonders lecker findet. Und das mit ein bisschen Übung auch kinderleicht anzubauen ist.

INS BEET AB MÄRZ

RADIESCHEN

Radieschen sind schnell ausgesät, wachsen schnell und sind fast so fix gesnackt, wie sie im Hochbeet gelandet sind. Wir säen gern verschiedene Sorten wie etwa *Saxa 2, China Rose* oder *Eiszapfen*.

KOHLRABI

Wir lieben Kohlrabi roh als Snack für zwischendurch oder auch gekocht in Gemüsepfannen oder Eintöpfen. Für mehr Abwechslung im Beet pflanzen wir das Gemüse gern in unterschiedlichen Farben an, zum Beispiel *Azurstar, Noriko* und *Superschmelz*.

ERDBEEREN

Unser Sohn liebt es, Erdbeeren frisch aus dem Beet zu naschen. Deshalb gehören die süßen Früchte unbedingt ins Süß-Bert-Beet. Die Pflanzen sind mehrjährig. Sie tragen drei bis fünf Jahre lang.

INS BEET AB MAI

ERBSEN

Ein beliebter Snack bei uns, seitdem wir einen Garten haben: Zuckererbsen. Als Zuckerschote oder auch frisch aus den Hülsen – roh im Salat oder gekocht zu Pasta oder einfach so.

SÜSSKARTOFFELN

Süß, süßer, Süßkartoffel! Die Pflanzen überzeugen uns nicht nur durch die schmackhaften Früchte, die auch in unseren Gefilden zuhauf reif werden. Sie sind auch hübsch anzusehen. Doch Süßkartoffeln benötigen viel Platz. Lass deshalb etwa 30 cm um sie herum frei, um ihnen genug Raum zu geben.

TOMATEN

Etwa zwölf verschiedene Sorten Tomaten wachsen bei uns im Garten – da ist für jede*n etwas dabei! Ideal für kleine Schleckermäuler sind süß schmeckende Sorten wie die Zuckertraube oder das gelbe Birnchen, auch bekannt als Yellow Pearshaped.

BEETPLAN #2: ASIA „VON UM DIE ECKE"

Eins unserer absolut gelingsicheren Gerichte aus dem Garten: ein Asia-Wok. Zusammen mit Tofu oder Ei wandert dafür vom Beet in die Pfanne, was gerade reif ist. Noch etwas Reis dazu – fertig! Diese Gemüsearten kannst du bei dir im Hochbeet anbauen:

INS BEET AB MÄRZ

ASIASALAT

Optisch und geschmacklich sind Asiasalate ein totaler Gewinn für dein Hochbeet. Das Beste: Die Sorten wie *Purple Frills* und *Red Giant* oder auch *Mizuna* sind sehr robust und gedeihen eigentlich rund ums Jahr. Du kannst die Blätter frisch oder leicht gedünstet verwenden.

KORIANDER

Du liebst ihn oder du hasst ihn – dazwischen gibt es unserer Erfahrung nach nichts. Wir sind riesige Korianderfans und nutzen das frische Grün, um diverse Dips und Gemüsegerichte aufzupeppen.

INS BEET AB MAI

SOJABOHNEN

Ja, ganz richtig gelesen, Sojabohnen wachsen auch in unseren Gefilden, zumindest Sorten wie *Green Shell* oder *Agate*. Ab Mai dürfen die Bohnen in die Erde. Übrigens: Wenn du die Schoten grün erntest, erhältst du Edamame – so heißen die unreifen grünen Sojabohnenschoten, ein beliebter Snack.

INGWER

Die tolle Knolle findet bei uns in verschiedenen Formen Verwendung. Wir würzen damit Gemüsepfannen oder brühen uns Ingwerscheiben mit Zitrone als wärmenden Drink auf. Du kannst die Heil- und Würzpflanze einfach aus einem Stückchen einer (Bio-)Knolle auf der Fensterbank vorziehen. Das solltest du bereits Ende Januar in die Erde setzen. Ende April oder Anfang Mai ist ein guter Zeitpunkt, die Pflänzchen nach draußen umzuziehen – sofern es keine Nachtfröste mehr gibt.

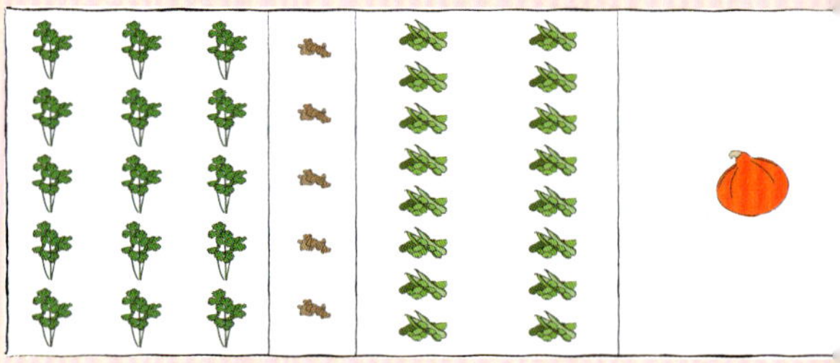

HOKKAIDO

Seit Beginn unserer Gartenkarriere bauen wir Kürbisse an. Besonders dankbar: Hokkaido. Die Pflanzen sind sehr wüchsig, die Früchte werden aber nicht so riesig, sodass wir sie zu zweit oder zu dritt gut verwerten können. Wir lieben Sorten wie *Red Kuri* oder *Green Hokkaido* und ziehen unsere Kürbispflanzen immer ab April auf der Fensterbank vor.

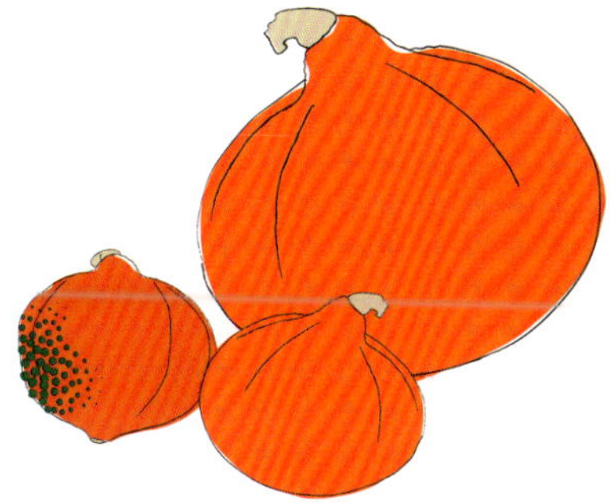

INS BEET AB JULI

CHINAKOHL

Aufgrund der enthaltenen Senföle, B-Vitamine und sekundären Pflanzenstoffe ist Chinakohl ein Gemüse für echte Champions. Noch dazu gelingt er dir ganz einfach im Hochbeet. Ab Juli säst du ihn ähnlich wie Salat direkt aus. Ernten kannst du den Kohl dann ab Oktober. Wenn du ihn in ein feuchtes Tuch einschlägst und kühl und dunkel lagerst, hält er sich über mehrere Wochen.

PAK CHOI

Bei uns ein gern gesehener Gast in Suppen und Gemüsepfannen: das Kohlgemüse Pak Choi. Du kannst es ab Juli bis Anfang August direkt im Beet aussäen. Erntereif ist der Pak Choi entweder im Baby-Leaf-Stadium oder spätestens nach zehn Wochen als ausgewachsene Pflanze.

GRÜNKOHL

Zugegeben, Grünkohl hat einen etwas altbackenen Ruf. Wir bereiten das Gemüse allerdings nicht klassisch mit Speck & Co. zu, sondern genießen es mit etwas Olivenöl mariniert als Rohkost oder als Beigabe in diversen Gemüsegerichten. Du kannst den Kohl – den es übrigens auch in Lila gibt – entweder direkt ins Beet säen oder du setzt wie wir auf Jungpflanzen vom Markt.

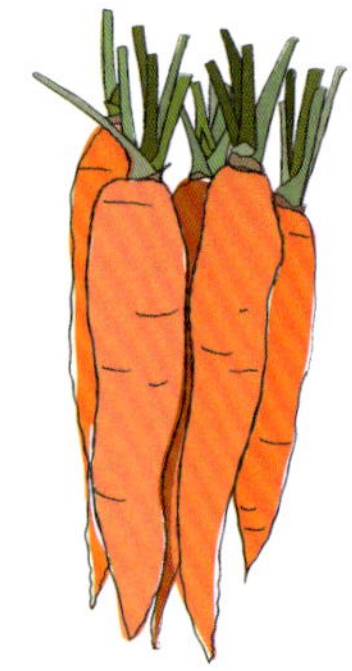

BEETPLAN #3: ERNTE-WANN-DU-WILLST-BEET

Im Herbst und Winter geht kaum etwas über einen kräftigen Eintopf. Die Zutaten dafür wachsen alle in deinem Hochbeet – wenn du willst. Das Beste: Von diesem Beet kannst du bereits im Sommer naschen.

INS BEET AB FEBRUAR

SPINAT

Spinatsorten wie Matador oder Thorin kannst du getrost ab Februar aussäen, idealerweise unter einem Frühbeetaufsatz. Wir essen die grünen Power-Blättchen in Soßen oder als Gemüsebeilage – oder werten mit Spinat-Toppings verschiedene Gerichte auf. Das geht auch schon mit Babyspinat, also den ganz kleinen Pflänzchen.

KAROTTEN

Bei Karotten unterscheidet man zwischen Früh- und Sommerkarotten, die schon nach 60 oder 80 Tagen schmecken, sowie späten Karotten, die bis Oktober geerntet werden können. Sorten wie *Milan* oder *Pariser Markt* kannst du bereits im Februar aussäen.

INS BEET AB MAI

LAUCH

Porree oder auch Lauch kannst du entweder als Sommer- oder als Winter-Version ziehen. Wenn du früh im Gartenjahr Lauch ernten willst, kannst du ihn ab Februar vorziehen und ab April ins Beet setzen. Willst du eher später im Jahr deftige Eintöpfe und Quiches genießen, ziehst du ihn im April an und pflanzt ihn Ende Mai in dein Hochbeet. Damit der Lauch unten hell und damit schön mild bleibt, kannst du etwas Erde um die Pflanzen anhäufeln – das hält die Sonne fern!

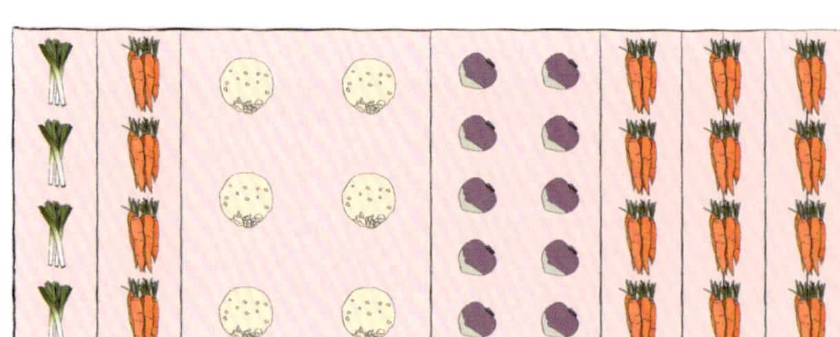

STECKRÜBEN

Das Gemüse ist auch bekannt als die „Ananas des Nordens" – weil es leicht süßlich schmeckt. Bis Mitte Mai kannst du Steckrüben direkt ins Beet säen. Im Oktober haben sie Hochsaison und lassen sich ähnlich kreativ wie Kartoffeln in der Küche verwenden.

SELLERIE

Das Gemüse wächst sehr langsam – die Anzucht solltest du im März starten und im Mai ins Beet setzen. Stangensellerie erntest du zwischen Juli und Oktober, Knollensellerie ist ab September reif.

INS BEET AB JULI

ROTE BETE

Rote Beten landen bei uns in Salaten, auf dem Blech, in Eintöpfen, ... und damit wir immer Nachschub haben, wachsen sie rund ums Jahr bei uns im Hochbeet. Du kannst sie ab April bis Anfang Juli aussäen. Das Grün ist übrigens essbar und schmeckt super in Salaten.

STANGENBOHNEN

Du willst noch im Herbst frisches Gemüse aus deinem Hochbeet ernten? Dann probiere es doch mal mit Stangenbohnen. Die kannst du entweder im Mai oder im Juli ins Beet legen. Alles, was sie brauchen, sind regelmäßig eine Dosis Wasser, ab und an Dünger sowie eine Kletterhilfe.

BONUS-LEVEL: RESET FÜR DEIN HOCHBEET

Du hast das Gefühl, es ist Gameover in deinem Hochbeet und weißt nicht, wie du wieder ins Spiel einsteigen sollst? Keine Panik! Wir zeigen dir verschiedene Szenarien auf, in denen es Zeit für ein Reset in deinem Hochbeet wird. Egal, was es ist: alles halb so schlimm. Das Gute an einem Hochbeet ist: Du kannst (fast) immer neu starten.

SZENARIO 1: HOCHBEET? WOHL EHER DSCHUNGEL!

Anfangs bist du höchstmotiviert gestartet, doch nach wenigen Wochen hat die Natur übernommen und der Alltag hat gewonnen. Statt leckerem Gemüse wuchert Beikraut – denkst du jedenfalls. Salat, Spinat & Co. sind in die Höhe geschossen und setzen Blüten an.

Kurz: Dein Hochbeet hat sich verselbstständigt und führt nun ein Eigenleben. Ehrlich gesagt überkommt uns das Gefühl auch hin und wieder, etwa, wenn es nach langen Dürreperioden auf einmal mehrere Tage am Stück regnet. Oder wenn wir durch Job oder das Leben außerhalb des Gartens abgelenkt sind und es mehr als drei Wochen nicht zum Gärtnern geschafft haben. Dann hilft nur: Augen zu und durch, einmal Tabula rasa machen und von vorn loslegen.

WAS DU JETZT TUN KANNST:

1. Schau nach, ob es Pflanzen gibt, bei denen sich eine Rettung lohnt. Markiere diese mit einem Stock oder Ähnlichem.

2. Rupfe alles, was im Beet wächst und dort nicht hingehört, vehement aus. Kompostiere die Pflanzen – so haben sie zumindest einen kleinen Nutzen.

3. Nimm einen Grubber oder eine kleine Hacke und lockere die Erde auf.

4. Mache es wie bei Monopoly: Gehe einmal über Los und besorge dir neues Saatgut (oder krame das heraus, was du bei der ersten Aussaat verwendet hast).

5. Ziehe neue Reihen, säe aus und versuche dein Glück von vorne.

SZENARIO 2: HILFE, ICH HABE MEIN HOCHBEET GESCHRUMPFT

Deine erste Gartensaison liegt erfolgreich hinter dir und du willst in dein nächstes Hochbeet-Level starten. Doch dann stellst du fest, dass dein Hochbeet quasi verschwunden ist. Die Erde ist 30 cm oder sogar mehr nach unten gesackt. Wie sollst du damit denn gärtnern? Und was bitte hast du schon wieder falsch gemacht? Keine Sorge, das ist an der Tagesordnung bei Hochbeeten. Die untersten Schichten werden über das Gartenjahr hinweg zersetzt und aus Strauchschnitt und Grassoden wird Humus – der aber viel weniger Platz wegnimmt.

WAS DU JETZT TUN KANNST:

1. Trage die oberste Erdschicht mit einer Schaufel ab. Nicht wegwerfen, die brauchen wir noch!

2. Besorge dir reifen Kompost – am besten aus eigenem „Anbau". Fülle damit das Beet so weit auf, dass Platz für die oberste Erdschicht bleibt.

3. Schaufle das Substrat, das du vorher herausgenommen hast, wieder ins Beet zurück. Wenn du das Gefühl hast, dass der Erde Nährstoffe fehlen, füttere sie mit Beinwelljauche oder ähnlichem Dünger, bevor du die nächste Runde Gemüse, Kräuter & Co. aussäst.

SZENARIO 3: INVASION IM HOCHBEET

In deiner Wunschvorstellung lacht dich leckeres Gemüse an – in der Realität drehen dir Ameisen, Engerlinge, Schnecken und/oder Raupen eine lange Nase? Verstehe uns nicht falsch – wir gärtnern so naturnah wie möglich und lassen Insekten & Co. nur zu gern mitessen. Aber: Wenn die fiesen Gegner das Spiel an sich reißen und uns ins Abseits stellen, ist der Spaß für uns vorbei. Wir stecken schließlich einiges an Arbeit in unser Gemüse – und wollen dann auch entsprechend selbst ernten!

WAS DU JETZT TUN KANNST:

1. Durchatmen. Die meisten ungebetenen Gäste wird man wieder los. Die Devise ist: Du musst ihnen den Aufenthalt in deinem Beet möglichst unbequem machen.

2. Finde heraus, was deinen Besuch auf Abstand hält. Ameisen etwa mögen kein Wasser – ein paar kräftige Duschen können sie schon vertreiben. Auch Kräuter wie Lavendel oder Thymian sowie Gewürze wie Zimt oder Chili sind bei den Krabbeltierchen nicht beliebt. Davon etwas im Beet ausgestreut, lässt die Ameisen das Feld räumen.

3. Gegen Engerlinge, Maden oder ähnliches Getier helfen unter Umständen Nematoden. Schnecken und Raupen kannst du entweder absammeln oder du setzt ein paar „Opferpflanzen" in die Nähe deines Hochbeets – in der Hoffnung, dass die Tiere dann außerhalb deiner Hochbeet-Gamezone bleiben.

KAPITEL 6: CHEATS UND SHORTCUTS

Beim Gärtnern gilt: Der Weg ist das Ziel.
Aber manchmal darf es auch die eine oder andere Abkürzung sein.
Hier kommen 13 hilfreiche Shortcuts, die du als Hochbeet-Gamer*in kennen solltest.

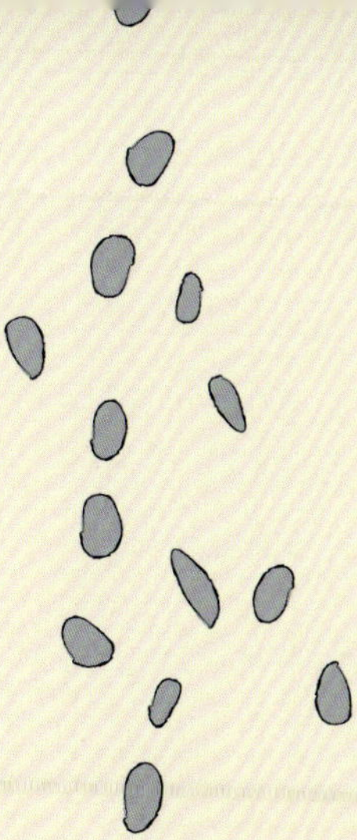

REGENWASSER UND GRAUWASSER SAMMELN

Etwa acht Liter am Tag rauschen durch die Leitung, um den deutschen Durchschnittsgarten zu pflegen. Rasen, Beete, Bäume, Sträucher sind ziemlich durstig. Du sparst bares Geld und schonst die Umwelt, wenn du Regenwasser oder auch Grauwasser sammelst und zum Gießen nutzt. Um Regenwasser aufzufangen, benötigst du geeignete Behälter wie Fässer oder Tonnen. Decke die Behälter ab oder lege Äste oder Ähnliches hinein, damit keine Tiere darin zu Schaden kommen. Zum Gießen schöpfst du das Regenwasser entweder mit Eimer und Gießkanne ab – oder aber, du nutzt eine Pumpe, die das Wasser über Gartenschläuche direkt in deine Beete transportiert. Als Grauwasser gilt das Abwasser aus einem Haushalt, das nicht mit Fäkalien verunreinigt ist. Bei uns im Kleingarten ist das Wasser, mit dem wir Hände waschen oder unser Geschirr spülen sowie das Wasser aus dem Miniplanschbecken unseres Sohnes. Das schöpfen wir mit Schüsseln und Eimern und gießen damit unsere Pflanzen. Spülmittel und Seife, die wir verwenden, sind deshalb ausschließlich biologisch abbaubares Spüli und Öko-Seife.

RICHTIG GIESSEN

Dass du deine Pflanzen im Beet regelmäßig gießen solltest, ist dir wahrscheinlich klar. Um Wasser und dir Arbeit zu sparen, solltest du folgende Tipps beherzigen:
Gieße lieber einmal und dann reichlich, anstatt täglich ein paar Tropfen im Beet zu verteilen. Wässere deine Beete grundsätzlich morgens oder abends. Tagsüber verdunstet das Wasser schneller – und deine Mühen sind umsonst. Versuche, möglichst nah an den Wurzeln zu gießen. Auch so arbeitest du der Verdunstung entgegen.

AUTOMATISCH BEWÄSSERN

Stell dir mal vor, deine Beete würden sich von ganz allein mit Wasser versorgen. Und zwar nicht nur, wenn es regnet, sondern auch in trockenen Perioden. Stell dir dann noch vor, dass deine Pflanzen nur genau so viel Wasser bekommen, dass sie gut wachsen – aber nicht so viel, sodass Wurzelfäule oder Ähnliches ins Haus stehen. Stell dir mal vor, das gibt's wirklich! Wir haben unsere Regentonnen mit einem automatischen Bewässerungssystem verbunden und freuen uns jedes Frühjahr wieder, wenn unsere Tomaten im Gewächshaus wie von Zauberhand Wasser an die Füße bekommen und wir ihnen förmlich beim Wachsen zusehen können. Dank Perlschläuchen und Tropfmanschetten kommt das Regenwasser, das wir fleißig sammeln, genau da an, wo es gebraucht wird. Und hält extralange – denn es wird nur Wasser gezapft, wenn der Boden es wirklich braucht. Smarte Bewässerungssysteme gibt es inzwischen von allen namhaften Gartenbedarf-Herstellern. Du hast hier die Qual der Wahl.

EINKOCHEN, EINFRIEREN, TROCKNEN

Beim Gärtnern gibt's kein Preisgeld oder Medaillen und auch keinen Ruhm – es sei denn, du trittst bei einer Gemüse-Prämierung oder einem ähnlichen Wettbewerb an. Deine wirkliche Belohnung fliegt aus deinen Beeten direkt auf deinen Teller – in Form von frischem Gemüse, leckerem Obst und würzigen Kräutern. Doch was machst du eigentlich, wenn du es nicht schaffst, deine Ernte selbst zu verbrauchen? Ganz einfach: einkochen, einfrieren oder trocknen!

EINKOCHEN:

Wir kochen etwa Tomatensoße oder auch Obst in Form von Mus oder Kompott ein. Dazu bereiten wir die Soßen oder das Mus nach Rezept zu und präparieren Weckgläser, indem wir diese auskochen. Sind Soße und Mus fertig, füllen wir sie noch heiß in die Gläser ab. Das Eingekochte hält bis zu einem Jahr – meistens ist es schon früher leer.

EINFRIEREN:

Bohnen, Erbsen und andere Schätze aus unserem Beet frieren wir ein. Dazu waschen wir das Gemüse einfach und geben es roh in die Kühltruhe, verpackt in einer Dose oder in Gefrierbeuteln. Achtung: Das Ganze funktioniert nur bei -18 °C. Solltest du keine eigene Gefriertruhe haben, die so kalt wird, fragst du am besten mal in der Familie oder im Freundeskreis herum. Ist das Grünzeug erst einmal eingefroren, hält es sich in einem normalen Gefrierfach bis zu einem Jahr.

TROCKNEN:

Kräuter wie Rosmarin, Thymian, Bohnenkraut oder Minze trocknen wir. Dazu nutzen wir entweder eine Aufhängung, an der wir die Kräuter in Sträußchen trocknen lassen. Oder wir nutzen unseren selbst gebauten Solartrockner, um unsere Tees und Gewürzmischungen herzustellen.
Im Trockner oder auch im Dörrautomaten kannst du Äpfel in Ringen oder Zucchini in Scheiben hineinlegen. Probiere es doch einfach mal aus!

EIGENES SAATGUT ERNTEN

Nicht nur Gemüse, Obst und Kräuter kannst du ernten – dein Garten liefert dir auch dein eigenes Saatgut. Die Samen sammelst du aus Blüten oder aus den Früchten der Pflanzen. Dazu müssen sie aber mindestens einmal blühen. Klingt logisch, oder? Allerdings: Rote Bete, Möhren oder Pastinaken sind mehrjährig. Im ersten Jahr produzieren sie Früchte. Im zweiten Jahr zwei gehen sie in die Blüte über und liefern Saatgut. Heißt für dich: Du musst mindestens eine der Pflanzen einmal über den Winter bringen.

SAATGUT AUS FRÜCHTEN GEWINNEN

Bei Obst, Tomaten, Kürbissen oder Zucchini ist es relativ easy, Saatgut zu gewinnen. Du erntest (und genießt) die reifen Früchte und legst die Kerne beiseite. Einmal waschen und dann trocknen lassen, schon hast du Nachwuchs fürs nächste Jahr gesichert! Hülsenfrüchte lässt du an der Pflanze rascheltrocken werden und pulst dann die Kerne heraus.

SAATGUT AUS DER BLÜTE ABZWACKEN

Bei Pflanzen, die ihr Saatgut nach der Blüte produzieren, ist vor allem Geduld gefragt. Du lässt die Pflanzen einmal blühen und widerstehst dem Drang, das Beet vorher abzuräumen. Lass die Samen an der Blüte ausreifen und nimm sie dann behutsam ab. Du kannst sie in Gläsern, Saatgut-Tütchen, aber auch Briefumschlägen oder Kaffeefiltern aufbewahren.

SAATGUT LAGERN

Samen lagerst du am besten dunkel, kühl und trocken. Wir sortieren es nach Art und Sorte getrennt in selbst gefalteten Tütchen. Dann ziehen sie in kleine Schubladenschränkchen, in denen wir das Saatgut nach „Direktsaat“ bzw. „Anzucht“ und nach dem Monat der Aussaat ordnen. Bis zu zwei Jahren bleibt das Saatgut frisch und keimfähig. Willst du es darüber hinaus verwenden, solltest du eine sogenannte Keimprobe durchführen. So findest du heraus, ob aus den Samen noch etwas wächst oder ob du besser beraten bist, neues Saatgut zu kaufen. Um die Keimfähigkeit zu checken, kannst du eine kleine Menge des Saatguts auf ein Küchenkrepp oder ein Baumwolltuch streuen. Feuchte es dann mithilfe einer Sprühflasche an und stelle es dunkel, wenn nötig. Nach zwei bis drei Wochen sollte mehr als die Hälfte der Samen gekeimt sein. Sind es weniger, verwendest du am besten neues Saatgut.

DÜNGEN

Wenn deine Pflanzen im Beet die Köpfe hängen lassen, welke Blätter bekommen oder nicht so richtig wachsen wollen, kann es sein, dass sie Nährstoffe benötigen. Wir peppen unsere Beete sowohl mit gekauften Mittelchen als auch mit selbst produzierten Helferlein auf. Im Frühjahr bekommen unsere Beete eine große Portion reifen Kompost. Über die Gartensaison hinweg düngen wir so: Bis unsere eigenen Jauchen reif sind, nutzen wir zum Düngen Mittel aus dem Handel, zum Beispiel von Anbietern wie Plantura, Kleepura oder COMPO. Zusätzlich wandert bei uns ab Mai Kaffeesatz in manche Beete. Dieser enthält Phosphor, was vor allem Tomaten bei Laune hält. Ende Mai ist meist unsere selbst gemachte Beinwelljauche ready to go. Mit dieser versorgen wir unsere Pflanzen bis zur letzten Ernte.

BEINWELLJAUCHE SELBST MACHEN

Jauche aus Beinwell ist – ähnlich wie die aus Brennnesseln oder Borretsch – ein hervorragender Dünger. Bei uns wächst Beinwell „wie Unkraut", deshalb nutzen wir ihn als Grundlage. So stellen wir Beinwelljauche her:

1. Stelle eine Maurertonne und Regenwasser bereit.

2. Schneide Beinwell, am besten vor der Blüte. Zerkleinere das Grün und gib es in die Tonne.

3. Gieße nun so viel Wasser dazu, dass das Grün bedeckt ist. Auf ein Kilogramm Beinwell kommen etwa zehn Liter Wasser. Beschwere die Masse mit einem Brett oder einem Stein, sodass sie unter Wasser bleibt. Decke das Gefäß gegen Regen ab – es sollte aber noch Luft drankommen!

4. Warte nun etwa 14 Tage ab. Bildet sich Schaum? Yeah, dann hast du alles richtig gemacht!

5. Hört die Flüssigkeit auf zu schäumen, ist deine Jauche fertig. Jetzt kannst du sie in deinen Beeten ausbringen. Verdünne die Flüssigkeit im Verhältnis 1:10 mit Wasser. Wir jauchen etwa alle zwei Wochen.

JAUCHEN, TEES UND BRÜHEN HERSTELLEN

Mit Jauchen, Auszügen, Brühen oder Kräutertees bekämpfst du diverse Pflanzenkrankheiten oder peppst deine Beeterde so auf, dass deine Pflanzen mehr als happy sind. Aber was bedeuten diese Begriffe genau und wie bereitest du die Wundersäfte zu?

SO STELLST DU JAUCHE HER

Wie bereits weiter oben bei der Beinwelljauche erklärt: Bei einer Jauche weichst du klein geschnittene Blätter und Stängel über zehn bis 14 Tage in Wasser ein und lässt sie verrotten. Danach verdünnst du die entstandene Flüssigkeit im Verhältnis 1:10 mit Wasser. Willst du damit düngen, gießt du damit die Pflanzen. Wenn du Schädlinge vertreiben willst, sprühst du die befallene Pflanze damit ein. Ein Auszug wird ähnlich wie eine Jauche vorbereitet, jedoch ohne Gärung.

WAS IST EINE BRÜHE?

Für eine Brühe legst du das Grünzeug – zum Beispiel von Ackerschachtelhalm – 24 Stunden lang in Regenwasser ein, kochst das Gemisch dann auf, lässt es abkühlen und seihst es ab. Das heißt, du gießt es durch ein Sieb und fängst die Flüssigkeit auf. Diese Flüssigkeit verteilst du unter den erkrankten Pflanzen oder sprühst sie direkt auf den Blättern auf.

KOMPOST ANSETZEN

Mit deinem eigenen Komposthaufen im Garten sparst du nicht nur Geld – er ist auch eine super Möglichkeit, aus den Pflanzen, die verblüht und abgeerntet sind, noch etwas Nützliches zu machen. Dein Kompostplatz sollte im Halbschatten stehen und nicht zu feucht sein. Begrenzungen aus Holz oder Metall helfen, alles an Ort und Stelle zu halten. Jetzt kannst du fleißig schichten. Auf den Kompost dürfen:

- grüne Küchenabfälle wie etwa Schalen und Endstücke sowie Kerngehäuse & Co. von Gemüse und Obst
- Kaffeefilter und Kaffeesatz
- Teebeutel (ohne Klammern)
- Eierschalen
- Rasen-, Strauch- und Baumschnitt – Achtung: nur von Hand oder elektrisch geschnitten
- Äste und Laub

Je kleiner alles ist, desto schneller kompostieren die Bestandteile. Ist es im Garten trocken, wässern wir den Kompost hin und wieder, damit die Verrottung schneller vonstatten geht. Schimmel sollte sich allerdings nicht bilden. Nach drei bis vier Monaten kannst du den Kompost einmal umgraben. Nach einem halben Jahr ist der Kompost theoretisch fertig und kann in die Beete eingearbeitet werden.

Du hast keinen Platz und willst dir nicht so viel Arbeit machen? Dann nutze einen Bokashi-Eimer. Mithilfe von Effektiven Mikroorganismen – zum Beispiel aus dem Biomarkt oder dem Internet – werden deine Grünabfälle darin fermentiert und es entsteht ein Superdünger, der Bokashi-Tee. Den geben wir ähnlich wie die Beinwelljauche ins Beet. Der Rest des Materials wandert dann in den Kompost.

KRÄUTERTEE, ABER ANDERS

Um einen Kräutertee als Pflanzenschutzmittel herzustellen, gehst du ähnlich vor wie bei einem Tee für den menschlichen Verzehr. Du übergießt Blätter und Blüten mit kochendem Wasser, lässt sie zehn Minuten ziehen, seihst den Tee ab und sprühst ihn auf die befallenen Pflanzenteile.

MULCHEN

Du willst im Hochbeet weniger gießen müssen und weniger Stress mit Unkraut? Dann solltest du das Prinzip des Mulchens anwenden. Mulchen bedeutet, die Erde in einem Beet mit biologischem Material zu bedecken. Es schützt den Boden vor dem Austrocknen, hemmt das Wachstum von Beikraut und sorgt im besten Fall dafür, dass den Pflanzen wichtige Nährstoffe zugeführt werden. Was sich als Mulchmaterial eignet:

- Holzschnitzel
- Stroh, zum Beispiel aus Getreide oder Miscanthus
- Pflanzenteile wie etwa Blätter

Auch Kies oder Rindenmulch wird manchmal als Mulchmaterial angeboten. Kies verdichtet den Boden, was nicht alle Wurzeln gutheißen. Rindenmulch entzieht durch die Gärprozesse wichtigen Stickstoff, was im Hochbeet ungünstig ist.

GEGEN UNKRAUT VORGEHEN

Bei dir macht sich unerwünschtes Grün breit? Gegen Unkraut oder vielmehr Beikraut kannst du dich ökologisch vertretbar auf drei Arten wehren.

MECHANISCH DURCH UNKRAUTJÄTEN

Entferne das Unkraut, bevor es blüht, um eine direkte Vermehrung beim Ausreißen zu verhindern. Bei Pfahlwurzeln wie Löwenzahn oder Ampfer verwendest du am besten eine Grabegabel oder einen Wurzelentferner. Wir haben einen Löwenzahn-Stecher, der sehr gute Dienste tut. Übrigens: Beikraut zu rupfen, kann sehr therapeutisch sein. Wenn du also mal Frust rauslassen musst – lass ihn doch einfach an Giersch und Kollegen aus!

GEGEN BEIKRAUT ANPFLANZEN

Halte Fugen oder Zierflächen frei von Unkraut, indem du Bodendecker einsetzt. Kriechender Thymian lockt Insekten an und benötigt wenige Nährstoffe. Weißklee in Wiesen verhindert die Ausbreitung von Giersch oder Ähnlichem. Storchschnabel und niedrig wachsender Beinwell wirken ähnlich – und locken mit ihren Blüten Wildbienen und andere Insekten magisch an.

BEIKRAUT MIT MULCH UND VLIES UNTER KONTROLLE HALTEN

Bäume und größere Sträucher hältst du frei von ungebetenem Grün, indem du mit Rasenschnitt oder Ähnlichem mulchst. Unter Wegen oder Sitzecken sowie Terrassen hilft dir Unkrautvlies dabei, nerviges Grün fernzuhalten. Achte darauf, dass du umweltverträgliche Materialien nutzt.

VLIESE VERWENDEN

Eine Art Superjoker im Hochbeet-Game sind Vliese. Sie kommen bei uns in unterschiedlichster Form zum Einsatz. Hier findest du einige der Anwendungen von Netzen und Vliesen erklärt.

SCHÜTZE DEINE PFLANZEN VOR WETTEREINFLÜSSEN

Kennst du das? Du hast deine Pflänzchen mühsam und mit viel Herzblut auf der Fensterbank großgezogen und nach den Eisheiligen ins Beet gesetzt – und dann sind späte Fröste oder Wetterkapriolen wie Hagel oder Starkregen angesagt. Uff. Manchmal verkleidet sich der Frühling auch wie ein Sommer – und lässt die Sonne unerbittlich vom Himmel brennen. Damit deine Pflanzen keinen Wetterschock erleben, kannst du eine schützende Abdeckgaze aus Baumwolle über dein Beet spannen.

SPERRE UNGEBETENE GÄSTE AUS

Eine Möglichkeit, Kohlweißlinge, Möhrenfliege und andere Futterneider aus den Lüften davon abzuhalten, unsere Beete kahl zu fressen, ist, ein Vlies über das Beet zu spannen. Die Maschen sollten hier so minimal wie möglich sein, damit auch kleinste Fliegen nicht durchkommen. Netze wie diese gibt es inzwischen auch aus biologisch abbaubarem Kunststoff.

BEDECKE DEN BODEN IN DEINEN BEETEN

Eine dritte Form, wie das Vlies bei uns zum Einsatz kommt: Mulchmatten oder auch Mulchvliese. In Beeten mit viel nackter Erde wie etwa bei unseren Gurken oder auch Tomaten, versuchen wir, diese abzudecken. Dazu nutzen wir zum Beispiel Mulchpapier aus Pflanzenfasern. In unseren Erdbeer-Beeten haben wir ebenfalls schon sehr erfolgreich Vlies eingesetzt, nämlich Matten aus Hanf – wahlweise auch aus Schafwolle. Diese sorgen dafür, dass weniger Schnecken in die Beete finden und dass der Boden feucht und weitestgehend unkrautfrei bleibt.

Beinwell – ein Top-Stickstoff-Lieferant

KAPITEL 7: WANN IST DAS SPIEL ZU ENDE?

Weißt du, was das Allerbeste am Garten-Game ist? Dass es kein Spielende gibt! Dank Frühbeet-Aufsätzen und dem Fensterbank-Gärtnern kannst du durch das ganze Jahr hinweg zocken. Oder du gönnst dir mal eine Pause – ganz wie du es willst! Das schätzen wir auch sehr an unserem Garten: Innerhalb unserer Hecken machen wir uns die Welt – frei nach Pippi Langstrumpf – Widdewidde wie sie uns gefällt. Wir spielen uns jedes Jahr aufs Neue durch diverse Gartenlevel. Inspiration und Ideen – und auch Herausforderungen! – finden sich in unserem rund 800 Quadratmeter großen Kleingarten zum Glück genügend!

ÜBER DEBORAH UND FLORIAN HUCHT

Dorfkind Deborah und Stadtpflanze Florian sind von ihren gartenbegeisterten Mamas mit dem grünen Daumen angesteckt worden. Nach Guerilla-Gardening-Versuchen auf der Fensterbank und im (Nord-)Innenhof ergatterten sie 2016 einen der begehrten Kleingärten im schönen Hamburg. Die brachliegende und komplett überwucherte Wiese verwandelten sie in einen naturnahen Garten, in dem aktuell 18 beziehungsweise 20 Hochbeete sowie zwölf Rahmenbeete für eine Fülle an Obst, Gemüse, Kräutern und Schnittblumen sorgen.
Ihre Erfahrungen sowie ihre Tipps rund ums nachhaltige Gärtnern und nicht zuletzt Ideen zu DIY-Projekten teilen sie seit 2017 auf ihrem Blog einstueckarbeit.de, auf dem Instagram-Kanal @einstueckarbeit und im „Ein Stück Arbeit"-Gartenpodcast.

DANKSAGUNG

An dieser Stelle wollen wir einmal von Herzen DANKE sagen.

Liebe Leser*innen, Follower*innen, Hörer*innen und Menschen, die wir durch das Gärtnern und unsere Plattformen treffen durften: Ihr bereichert unser Gärtnerdasein sehr und füllt unsere Köpfe rund ums Gartenjahr mit Ideen und Impulsen.

Danke auch an unsere Freund*innen und Familien – für eure Unterstützung, eure Tipps und den Zuspruch, das bedeutet uns sehr viel! Lieber Kleingärtner H., falls du das hier liest: Du bist ein wunderbarer kleiner Kerl und der allerbeste Gartenhelfer, den wir uns vorstellen können – merci dafür!

Ein Dank gilt auch unseren Gartennachbar*innen und Vereinsfreund*innen: Danke für den Austausch und dafür, dass ihr so großzügig über unsere Beikraut-Sammlung hinwegseht! Und nicht zu vergessen: Danke, Yanina, für die tollen Fotos, und an das LV-Buch-Team, dass ihr unsere Idee mit dem Buch in die Realität umgesetzt habt!

BEZUGS- & WISSENSQUELLEN

Gartenshopping

Allgäustauden – Stauden, Obststräucher, Gehölze, Blumenzwiebeln & Co. mit Bioland-Zertifikat
allgaeustauden.de

Biogärtner Herb – Biokräuter, Setzlinge und Saatgutboxen aus dem Allgäu
bio-kraeuter.de

Hof Jeebel oder auch Biogartenversand – Onlineshop für All things gardening mit Bioland-Zertifikat
biogartenversand.de

Rühlemann's – Kräuter- und Staudengärtnerei für einheimische Schätze und Exoten
kraeuter-und-duftplanzen.de

Staudengärtnerei Gaißmayer – Pflanzen und Gartenwissen aus dem Allgäu
gaissmayer.de

Gartenwissen im Web

Der kleine Horrorgarten – Tipps und Tricks rund ums Kleingärtnern
der-kleine-horror-garten.de | @derkleinehorrorgarten | youtube.com/user/kleinerhorrorgarten

Gartengemüsekiosk – geballtes Wissen rund um die Selbstversorgung und den Gemüseanbau
gartengemuesekiosk.de | @gartengemuesekiosk
Youtube.com/gartengemuesekiosk

Grüne Liebe – alles zum Gewächshaus- und Hochbeetgärtnern
grüneliebe.de | @grueneliebe_miss_greenball

Parzelle 94 – Tipps aus dem Kleingarten
parzelle94.de | @parzelle94.de
youtube.com/c/parzelle94

Selbstversorger Rigotti – Selbstversorgung von A bis Z
@selbstversorger_rigotti | youtube.com/SelbstversorgerRigotti

Gartenbücher

Don, Monty: **Genial gärtnern. Biologisch und naturnah heute**, Dorling Kindersley, 2021.
Jäger, Sandra: **Ernte gut, alles gut! – Gemüsegärtnern im Hochbeet, Frühbeet und Gewächshaus,** Edition Michael Fischer, 2021.
Kampas, Doris: **Das unglaubliche Hochbeet. Ernten bis zum Umfallen**, Löwenzahn Verlag, 2019.
Klein, Anja: **Hochbeet – Was mache ich wann?: Ernteglück das ganze Jahr**, Franckh-Kosmos Verlags-GmbH & Co. KG, 2023.
Kreuter, Marie-Luise: **Der Biogarten**, BLV, 2019.

STICHWORTVERZEICHNIS

Mit Liebe für Sie gemacht!

WIR LIEFERN HERAUSRAGENDE QUALITÄT.

Landleben, Genuss, Natur: Hier sind wir zu Hause.

MATERIAL, FORMAT, BINDUNG

Wir stehen für hochwertige Bücher mit individuellen Details.

KNIPS!

Ein anregendes Layout und großformatige Bilder sind für uns unerlässlich.

REGIONAL VERWURZELT

Kurze Transportwege sind uns wichtig – für die Umwelt und einen kleineren CO_2-Fußabdruck.

FAMILIÄR

Unser Team kümmert sich mit Hingabe um jede Ihrer Anfragen.

LANGFRISTIGE PARTNERSCHAFTEN

Vertrauen und Kommunikation auf Augenhöhe sind die Grundsteine unserer Zusammenarbeit.

NATURVERBUNDEN

Wir bevorzugen FSC-zertifiziertes Papier.

GEPRÜFTE QUALITÄT

Wir achten auf sachlich korrekte und gut recherchierte Inhalte.

WERTSCHÄTZUNG

Wir setzen auf faire Vergütung unserer AutorInnen.

FEEDBACK

Wir nehmen uns Kritik zu Herzen und sehen Fehler als Chance.

ÜBERZEUGEN SIE SICH SELBST!

LV.Buch

IMPRESSUM

Deutsche Originalausgabe:
LV.Buch im Landwirtschaftsverlag GmbH, 48084 Münster

1. Auflage 2024

Gestaltung: Anne Gäng, LV Media Pro im Landwirtschaftsverlag GmbH
Titelgestaltung: Anne Gäng, LV Media Pro im Landwirtschaftsverlag GmbH
Fotografie: Deborah & Florian Hucht, einstueckarbeit.de
Porträt-Fotografie: S. 4, S. 14, S. 28 – 29, S. 60, S. 64, S. 169, Yanina Isla, yaninaisla.com
Illustrationen: Florian Hucht, florianhucht.de
Lektorat: Cornelia Höchstetter, cornelia-hoechstetter.de
Druck: Westermann Druck, Zwickau

ISBN: 978-3-7843-5737-9

lv-buch.de